101 POWER CRYSTALS

© 2011 Fair Winds Press
Text © 2011 Judy Hall

First published in the USA in 2011 by
Fair Winds Press, a member of
Quayside Publishing Group
100 Cummings Center
Suite 406-L
Beverly, MA 01915-6101
www.fairwindspress.com

All rights reserved. No part of this book may be reproduced or utilized, in any form or by any means, electronic or mechanical, without prior permission in writing from the publisher.

Cover image: Trigonic Quartz
Cover design by Kathie Alexander
Book design by Kathie Alexander
Photography by Exquisite Crystals, www.exquisitecrystals.com, except for: page 9: Carsten Peter/Speleoresearch & Films/National Geographic/Getty Images; page 13: © ian woolcock / Alamy; page 14: © Geo Images / Alamy

本書はクリスタルの医学的な効能を謳ったものではありません。また、本書が提供する情報が医学的治療の代わりになるものでもありません。クリスタルの使用法に関して疑問が生じた場合は、クリスタルヒーリングの有資格者にご相談ください。本書でいう病気とはdis-ease（不調）を意味します。すなわち霊性面、環境面、心理面、カルマ、情緒面、精神面でのバランスの乱れ、閉塞、疲労などが症状に現れた状態を指します。また、本書では、癒し（ヒーリング）とは精神、体、霊性のバランスを回復させ、魂の進化を促すことを意味します。よって、特殊な治療法を示唆するものではありません。さらに、クリスタルヒーリングの慣例にならって、結晶構造を有するか否かにかかわらず、本書で扱うすべての石をクリスタルと呼んでいます。

厳選 101
パワークリスタル

ジュディ・ホールの神秘的で
スピリチュアルな魅力を余すところなく
紹介した究極のパワークリスタル!

ジュディ・ホール 著
福山良広 翻訳

目次

6 はじめに：クリスタルのパワー

18 明るさと自信を取り戻す：セプター
20 長寿をもたらす：アゲート
22 霊的覚醒を促す：アホアイト
24 友情を育む：アマゾナイト
26 害悪から守護する：アンバー
28 心の平穏をもたらす：アメジスト
30 守護天使を呼び寄せる：アンフィボールクォーツ
32 知力を高める：アパタイト
34 心の眼を開く：アポフィライト
36 希望の光を示す：アクアマリン
38 大地を癒す：アラゴナイト
40 波動を上げる：オーラクォーツ
42 量子意識を広げる：オーロラクォーツ（アナンダライト™）
44 否定的な力を払いのける：アベンチュリン
46 地球の霊性進化を加速させる：アゼツライト
48 心の呪縛を解き放つ：バンデッドアゲート
50 記憶力を高める：ベリル
52 強い守護力を持つ：ブラックトルマリン（ショールトルマリン）
54 優れた浄化作用を持つ：ブラッドストーン（ヘリオトロープ）
56 表現力を高める：ブルーレースアゲート
58 霊的能力を活性化する：ブルームーンストーン
60 完全性をもたらす：ブランデンブルク
62 無為自然の境地に導く：ブロンザイト
64 感謝の心を育てる：カーネリアン
66 知識の宝庫：カテドラルクォーツ
68 魂の聖域をつくる：セレスタイト
70 優れた洗浄力を持つ：クローライトクォーツ
72 心に静けさをもたらす：クリソコラ
74 錬金術の石：シナバー
76 豊穣をもたらす：シトリン
78 受容性を高める：ダンビュライト
80 人との調和を促す：ダイヤモンド
82 過去世を癒す：デュモルティエライト
84 物質と精神の統合を促す：エレスチャルクォーツ
86 恋愛成就をもたらす：エメラルド
88 多次元への入り口を開く：フリント
90 内なる強さを育む：フローライト
92 多産をもたらす：ファイヤー・アンド・アイス（レインボークォーツ）
94 貞節を尊ぶ：ガーネット
96 常磁性共鳴の石：グラナイト
98 魂を純化する：ハンクサイト
100 ポジティブな生き方をサポートする：ヒーラーズゴールド™
102 人を惹きつける魅力をアップさせる：ヘマタイト
104 精神・体・霊性のバランスを保つ：ハーキマーダイヤモンド
106 カルマの解消を助ける：アイドクレース（ベスビアナイト）
108 洞察力を高める：アイオライト
110 魂の浄化を助ける：ジェイド
112 体に元気を与える：ジャスパー
114 愛する能力を高める：クンツァイト（スポデューメン）
116 霊的視覚を発達させる：ラブラドライト
118 小宇宙と大宇宙の照応をもたらす：ラピスラズリ
120 古代人のパワーを秘めた：レムリアンシード

122	神秘的な変容をもたらす：	マラカイト
124	賢明な女性性の象徴：	メナライト
126	アカシックレコードにつながる：	マーリナイト
128	宇宙意識と地球意識の融合をはかる：	モルダバイト
130	心身症を癒す：	モルガナイト(ピンクベリル)
132	豊穣をもたらす：	モスアゲート
134	精妙体を再構成する：	ナトロライト、スコレサイト
136	霊的錬金術師：	ニルヴァーナクォーツ™
138	チャクラコードを切る：	ノヴァキュライト
140	虚空のパワーを引き出す：	ヌーマイト
142	カタルシス効果を持つ：	オブシディアン
144	思考力を高める：	オパール
146	創造性を高める：	オレンジカヤナイト
148	正しい行動を促す：	パライバトルマリン
150	願望を実現させる：	ペリドット(クリソライト)
152	宇宙意識との同調をもたらす：	ペタライト
154	古代の記憶と叡智を有する：	ペトリファイドウッド
156	高次の意識とつながる：	フェナサイト・イン・レッドフェルドスパー
158	動物を癒す：	ポピージャスパー
160	古代の癒しを今に伝える：	プレセリブルーストーン
162	量子ヒーリングの石：	クォンタムクアトロ
164	エネルギーを増幅させる：	クォーツ
166	驚異のパワーを持つ：	ケセラ(ラーナイト)
168	慈愛の心を育てる：	ロードクロサイト
170	情緒を安定させる：	ロードナイト
172	無償の愛を育てる：	ローズクォーツ
174	悲しみを癒す：	ルビー・イン・ゾイサイト(アニョライト)
176	優れた浄化作用を持つ：	ルチルクォーツ
178	純粋無垢なエネルギーを放つ：	サファイア
180	魂を浄化する：	サチャロカクォーツ™、サチャマニクォーツ™
182	聖なる光を呼び込む：	セレナイト
184	相手を惹きつける話し方が身につく：	セプタリアン
186	クンダリーニを覚醒させる：	サーペンティン
188	男性性と女性性を統合する：	シバリンガム
190	強力な守護石：	シュンガイト
192	マイナスのエネルギーをプラスに転換する：	スモーキークォーツ
194	魂を高次へ導く：	スピリットクォーツ
196	古代シャーマンの石：	スティブナイト
198	進むべき真実の道へと導く：	スギライト(ルブライト)
200	運命を切り拓く力を与える：	サンストーン
202	霊的変容をもたらす：	タンザナイト(ラベンダーブルーゾイサイト)
204	厄災を退ける：	タイガーズアイ
206	太陽の石：	トパーズ
208	魂の助産婦：	トライゴーニッククォーツ
210	純愛を育てる：	タグチュパイト
212	幸運を引き寄せる：	ターコイズ
214	精神・体・霊性の調和をはかる：	ジンカイト

216	用語集
220	索引

はじめに

クリスタルのパワー

自然の恵みと脅威が共存するこの地球。そこには人間にとって危険なものも数多く存在する。しかし、恐れることはない。母なる大地は治療法や良薬も同時に授けてくれたからだ。たとえば、毒ヘビに咬まれても薬草（セージ）で傷口を癒すことができる。幸いなことに母なる大地には癒しのパワーを持ったさまざまな生命が息づいているのだ。ハーブの薬効のすばらしさは人々の知るところであるが、クリスタルにも強い癒し効果がある。石には本来の強い生命力が自然に保たれており、誕生以来そのパワーを放ち続けているのだ。

『リティカ』

　古来、クリスタルには霊力が宿るとされ、石は神々からの贈り物と考えられてきました。大きさに関係なく私たちを魅了するクリスタルは威厳に満ち、神秘のオーラを放っています。有史以前から現代にいたるまで、特に貴石と呼ばれるものは富の象徴とされ、不思議な力が宿ると考えられてきました。古文書によると、人類が最初に石のパワーに気づいたのは石器時代のことで、当時の技術はすべて石をベースにしたものでした。以来、人類は石の魔法の力を利用してきたのです。
　M・B・ヴァレンティーニの著作『ムセウム・ムセオルム』（1714）の中に飛行船を写した1枚の写真が載っています。それは同書が執筆される5年前にブラジル人司祭がデザインしたもので、アゲートと鉄を動力源とし、太陽の光を浴びると磁力で空を飛ぶと記されています。不思議に思われるかもしれませんが、現代のテクノロジーはクリスタルなしには存在し得ません。パソコンや手術器具を動かし、車のエンジンや宇宙船の被膜を形成しているのもクリスタルです。まさに現代の科学技術の土台を形成しているのです。
　古代、クリスタルには癒しのパワーが宿ると考えられていました。古代ギリシャの哲学者・テオフラストスやローマ帝国の官吏で地理学者であったプリニウスは石の癒しのパワーを後世に伝えています。古代バビロニア人はクリスタルは人間の運命に深く影響すると考えていました。また、私たちの祖先はその昔、地球はクリスタルでできた天体に囲まれ、そこには神や恒星や惑星が存在していると信じていました。そして個々のクリスタルの色、化学組成、惑星との関係を見れば、どんな症状に効くかわかっていたのです。翻訳を繰り返すうちに古文書に登場する石が現在のどの石を指すのかわからなくなったケースもありますが、中には明確なものもあります。

光のテンプレート

　それぞれの石には個性があり、特有のエネルギーが宿っています。こうした"光のテンプレート"には私たちの眠れる才能に光を当て、潜在能力を引き出すために必要なすべての情報が暗号化されています。大切なのは、自分のエネルギーと共鳴し、幸せと意識の拡大をもたらしてくれる石を見つけることです。

宝石のパワー

　パワーは豪華な宝石だけに宿るわけではありません。石の多くにはアミュレット（お守り）として用いられてきた歴史があります。たとえば、フリントは地味で目立たない石ですが、シャーマンがこの世とあの世を往きかえりする際に魂を安全に運ぶ乗り物として重要な役目を果たしてきました。また、石の多くは加熱すると輝き、過熱することで金・銀などの貴金属に変えることも可能です。さらに、地球に落ちた隕石にも古代人は神秘的な力を感じたはずです。なにしろ隕石に含まれる鉄から道具や武器を作ることができたわけですから。
　エジプト学者のE・A・ウォリス・バッチは"石にはそれぞれ個性があり、人間と同じように病気になったり、年をとるにつれて体が弱り、やがて死んでしまう"と述べています。しかしその一方で、古代エジプト医学ではクリスタルには自然治癒力があると考えられていました。哲学者・プラトンは、石は発酵過程を経て生成された生き物であり、その発酵過程は"生命の息吹を吹き込む力と知性を兼ね備えた異星人"が考え出したと信じていたようです。また、多くの神話ではクリスタルは氷の結晶であるとされていますが、クリスタル内部にときおり水泡が見られることから、この見方は正しいといえます。

5世紀のローマの詩人・クラウディアヌスは次のように語っています。

アルプスの山に氷の結晶が生まれた。最初は太陽の強い日差しに照らされながらもひときわ鮮やかな輝きを放っていたが、山の厳しい自然にさらされ次第に溶けていった。だがその一方で、氷結当時の原形をとどめたものがこの母なる大地の奥底に眠っているのだ。

クリスタルの生成過程

クリスタルは大地のパワーが生み出したものです。沸騰、圧縮、表皮剥離を経て生成されたものや火山、氷河、地震、高圧から生まれたもの、さらには浸食作用や風化によって生成されたものもあります。

一般にクリスタルと呼ばれているものは必ずしも結晶構造を持つわけではありません。たとえば、アンバーは木の樹脂が化石化したものです。また、火山岩の一種オブシディアンは溶岩が地表で急速に冷却したため結晶構造を持ちません。一方、石の生成過程によってパワーの発揮の仕方が異なります。じっくり時間をかけて生成された石は穏やかなパワーを放射し、逆に急激な生成過程を経た石は強烈なパワーを発揮します。また、ここ数万年の間に生成した地質学上"若い"石の中にもきわめて高い波動を持ち、世界を変容させるパワーを持つ石もあります。

色のパワー

古代人は"色"の持つパワーに早くから気づいていました。呪術師が行うヒーリングでも色のパワーは欠かせない存在でした。1878年、エドウィン・D・バビットは色の治癒力という概念を提唱しました。彼の理論をもってすれば共感マジックの背景にあるパワーや、色と効能の関係について説明することができます。バビットが唱えた"色彩光線療法"では、赤色は鉄、亜鉛、ストロンチウムを引き寄せ、黄色はナトリウム、燐、炭素を引き寄せるとされています。これらは身体機能を正常に維持するために必須の鉱物です。しかし、残念なことにバビットの理論は複雑で、体に照射する光線量を厳密に調整する必要があるなど、実用化の面で難点がありました。

現代のクリスタルヒーラーはもっと単純に、古くから伝わる"色と効能の関係"を参考にして適切な石を選びます。

- ピンク&桃色の石は情緒を安定させ、心身に活力をもたらします。
- 赤色の石も心身に活力をもたらしますが、より即効性があります。生殖器と共鳴し、血の巡りをよくし、炎症を抑えます。
- オレンジ色は精神力と創造性を高めます。好奇心を刺激し、睾丸の上にあるライディッヒ腺——クンダリーニのパワーが宿る場所——と共鳴します。
- 黄色&ゴールドの石は精神・神経系統を刺激します。神経伝達物質、副腎、腸などと共鳴し、感情と理性のバランスを整えます。
- 緑色は精神を安定させる作用があり、心臓、眼、胸腺に働きかけます。
- 青緑色は精妙体と共鳴し、形而上学的能力に目覚めさせます。
- 藍色には神秘的な力が宿ります。松果体と共鳴し、精神的な病を改善します。
- 紫色&すみれ色の石は下垂体と共鳴し、代謝機能を整え、体力を回復させます。また、高次の意識に目覚めさせます。
- 黒色&茶色の石には解毒作用があります。エネルギーをグラウンディングさせ、持ち主を害悪から守護します。
- 混合石は色と化学組成によるシナジー効果を発揮します。

はじめに

魔法の力

魔法使いは3週間、禁欲生活を送り、入浴も控え、断食を続けた。そして22日目、宝石が入った泉で沐浴した。泉からあがった魔法使いは柔らかなローブを身にまとい、神への生贄を用意すると、魔法の呪文を唱え始めた。一心不乱に唱えるうちに霊感が研ぎ澄まされたのか、泉の宝石から伝わってくる純粋な温かさに感応しはじめた。呪文を終えると再び泉へ向かい、美しい輝きを放つ宝石を幾つか手に取り、煌々と明かりが灯る館へ運び込んだ。そばでは妻が赤児を抱いている。その小さな手には護符が握られている。しばらくすると不思議な声がした。その瞬間、誰もがえも言われぬ喜びに包まれた。

『リティカ』

　上記は紀元前3世紀の叙事詩『リティカ（石の本）』の一節です。古代、石には魔法の力が宿るとされ、畏敬の念をもって扱われてきたことがうかがえます。魔法は単なる迷信ではありません——それは現代社会が価値を置く実験科学の基盤をなすものです。魔法がなければ、医学、天文学、文学、演劇、化学、数学、音楽、神学、さらには宗教も存在し得なかったでしょう。呪文をいっぱい書き写した古文書も発見されています。たとえば、アルファベットも魔法の一種といえるかもしれません。魔法は単なる教義と実践の体系ではなく、世界観を形成するものです。自然界には魔法の力が満ち溢れ、それが物質世界と形而上学的世界の両方に深く浸透しているという思想は、古代人の世界観であり生死観そのものだったのです。そして数千年の時を経た現代でもクリスタルワーカーは石に秘められた魔法の力と交流しているのです。

　魔法（magic）という言葉はペルシアとバビロニアの賢人を意味する*magi*に由来しますが、語源は古代スメリア語の*imga*で、"深い"という意味です。当時の人々にとって魔法は日常を生き抜き、神の恩寵を得るためのひとつの方法でした。さらに、人類学者のロバート・ラヌルフ・マレットは、"魔法に触れることは高次の経験であり……霊的成長をはかるための手段である"と述べています。本書では、石の持つ癒しや変容のパワーだけでなく、霊的成長を促す面についても解説しています。

本書の使い方

　近年、新しいクリスタルが数多く出回っており、どれが本当に役に立つのかをみきわめるのが大変です。この本は1万年前から珍重されてきた石から最近発見された新種まで幅広く紹介しています。

　まずそれぞれの石の効能を述べた上で、癒しと変容のパワーについて詳しく解説しています。愛、健康、守護、豊穣、長寿、正義……。本書を手に取れば実にさまざまなパワーを持つ石に出合えます。しかし、誰にでも合う石というのはありません。大切なのは、あなた自身のエネルギーと共鳴する石を見つけることです。また、この本では石に秘められたパワーを利用する方法についても説明しています。クリスタルとのワークにいったん慣れてしまえば、あとはどんな石にも応用が利きます。

　チャクラ図解（p.14）はワークの際にお役立てください。また、用語集（p. 216以降）では普段見慣れない用語について解説しています。自分に合ったクリスタルの選び方、浄化と活性化の方法、手入れの仕方などについてはp. 10-13の解説をご覧ください。

波動の高いクリスタル

　セレナイトやダンビュライトはもともと軽くて高い波動を有し、高次のチャクラを活性化する作用があります。また最近では、新種のダンビュライトや、すでに名の知れた石で以前よりも波動が上昇した石も出回っています。たとえば、ゴールデンダンビュライトの天然石（アグニゴールド™）や金を蒸着させたアクアオーラダンビュライトなどはダンビュライト本来の性質を保ちつつ、その波動をさらに高いレベルへ押し上げた石です。

メキシコにあるクリスタルの洞窟。内部はセレナイトの巨大結晶で埋め尽くされている。
中は高温のため防火服を着ていても中に居ることができるのはわずか数分である。

　また、最近では高い波動を持つ新種の石やきわめて高い波動を有するクォーツも流通しています。こうした石は意識の拡大を促進するといわれています。いずれも高い波動のチャクラと共鳴し、私たちを偉大なる現実に接続してくれます（p. 14を参照）。波動の高い石やそれに関連するチャクラには、意識を進化させ多次元へ拡大させる働きがあります。

自分に合ったクリスタルを見つける方法

はじめに

物事を見かけで判断してはいけない。大切なのは自分の直観や判断力を信じることである。
マニリウス（古代ローマの占星術師）

　クリスタルのパワーと同調するためには、まず自分に合った石を見つけることが大切です。自分の望みを叶えてくれそうな石を探す人もいれば、本書の美しい写真の中で妙に気になる石を発見する人もいるでしょう。でも、実際に自分で選ぶとなると、いろいろな石に目移りしてしまう人も多いと思います。

　でも心配いりません。方法は簡単です。皆さん自身の引き寄せのパワーを利用すればいいのです。まず、"今から私は自分にピッタリの石を見つけます"と心の中で念じてください。それができたらショップに行っていろんな石を触ってみましょう。その中で"しっくり手に馴染む"ものや、手に取ったときに心がウキウキするような石があれば、それがあなたにピッタリの石です。また、皆さんの中にはすでにお気に入りの石をお持ちの方もいらっしゃるでしょう。大切なことは、どこで手に入れたにせよ、使用する前にかならず浄化しパワーを充電することです。さらに大事なことは大きくて美しい石がベストだとは限らないという点です。5世紀のローマの詩人・クラウディアヌスの次の言葉は、現代のクリスタルワーカーが今も大切にしている名言です。

単なる石や岩の塊だと思って通り過ぎてはいけない
単なる氷の塊だと思って見過ごしてはならない……
野暮ったい感じの、一見何の変哲もない石や岩の間に
希少な宝石が埋もれているかもしれないのだ

　見かけが綺麗だからといってその石が大きなパワーを持つとは限りません。何の変哲もない荒削りの石のほうが、ファセット加工した魅力的な宝石よりもかえって大きなパワーを秘

クリスタルアチューメント

使用する前にクリスタルと同調しましょう。浄化した石を両手で持ち、石の波動が全身に行き渡るのを感じてください。あなたの波動と石の波動が共鳴し合えば、心が落ち着き、意識が拡大していくのを感じるでしょう。しっくりこないときは別の石を選びましょう。手にしている石は今のあなたにとってふさわしくないかもしれないからです。また、しっくりこないということは、インナーワークの必要性を示唆している可能性もあります。

めていることもあるのです。

形の持つパワー

　クリスタルの原石は幾何学形状を持ちますが、形によってパワーの発揮の仕方が異なります。しかし、現在流通しているクリスタルの多くは加工を施したものです。石を特別な形状に加工すると、石本来の力に、その形が象徴するパワーが加わり、より強いエネルギーを放射するのです。したがって、形とパワーの関係を知っていれば自分の目的に合ったクリスタルを選びやすくなります。

　たとえば、ひとくちにアメジストと言ってもジオード、シングルポイント、クラスター、ベッド、球体、パームストーンなど実にさまざまな形があります。どの形もアメジスト特有の、心の平穏をもたらす効果がありますが、エネルギーの放射の仕方は形によって異なります。

ジオード
　ジオード（晶洞）と呼ばれる洞窟内のような形状は石のパワーを集束、増幅、保存し、穏やかに周囲に放射します。身を守り、豊穣をもたらし、霊的成長を促します。プリニウスの『博物誌』にはジオードは眼、胸、精巣の治療に効果があると記されています。

ポイント
　ポイントは石のパワーを一点に集束させます。ポイントを自分の体に向けると、石のパワーを体内に注入することができます。そして体から離すと、体内に蓄積した否定的なエネルギーを取り除くことができます。

ファントム
　まったく別の種類のクリスタルの内部に結晶が層状（ピラミッド型）に積み重なった構造をファントムと呼びます。魂の旅の記憶を保存するこの形状には、過去世からの古い行動パターンを解消する働きがあります。また、積み重なった結晶を"ハシゴ"のように昇っていくと高次の意識へ到達することができます。

クラスター
　大小さまざまな結晶が寄り集まった原石。強いパワーを周囲に放射し、邪気を払いのける力があります。

ベッド
　母岩の表面に付着した小さな結晶の集まり。電池のようにパワーを安定供給します。石のパワーを継続的に必要とするときに特に役立ちます。

球体
　大きな石の表面をボール型に加工したものを球体と呼びます。パワーを四方八方に均等に放射する点が特徴です。洞察力や直観力を高めるとされ、古くからスクライング（水晶占い）に用いられてきました。

パームストーン
　平らで、丸みを帯びた卵型の石。手の指先から石のパワーを感じ取ることができます。手に持つと心が落ち着き、願望実現に向けて意識を集中させることができます。

マニフェステーション
　結晶内部に小さな結晶がすっぽりと入り込んだ形。その名が示すとおり、マニフェステーション（願望実現）を後押しし、豊かさを引き寄せます。また、ほかの石の力を引き出すことができます。

はじめに

クリスタルのパワーを維持する

クリスタルがパワーを発揮するには浄化と活性化が不可欠です。そしてパワーを維持するコツは頻繁に洗浄することです。買ってポケットに突っ込んだままでは奇跡は起こりません。石に願い事をするときはしっかり手順を踏むことが大事です。石には魔法の力が宿ることを知っていたシェイクスピアは『ヘンリー五世』で"さあ、汝のクリスタルを清めよ"と言っています。浄化された石はあなたの至高善のためにパワーを発揮してくれるでしょう。

石を扱うときは敬意を持って大事なパートナーのように接しましょう。そうすれば末永くあなたに誠心誠意尽くしてくれます。逆に邪険に扱うと、必ずしっぺ返しが来ます。石は魔法の力を持つと同時に感覚をもった生き物なのです。

パワーを正しく用いる

クリスタルは願望実現に協力してくれます。ワークするときは、目的をはっきり伝え至高善のためであることを確認しましょう。また、人間と同じで石も疲れます。ですから、定期的にパワーを充電するよう心がけてください。否定的なエネルギーが満ちた場所に置いておくとそれを急速に吸いとってしまうので、頻繁に浄化する必要があるのです。

浄化の方法

石は触れた人や周囲の環境からエネルギーを吸収します。使用前使用後は必ず洗浄しましょう。最も簡単な方法は、水道水で洗うことです。ただし、石の中には水に浸けると溶けたり、バラバラになるものもあるので注意しましょう。水で洗った後は太陽か月の光が当たる場所に置いて充電するといいでしょう。また、これ以外の方法としては、ハーブで燻す、キャンドルで照らす、炊飯する前の玄米の中に一晩埋めておくという方法もあります。

活性化の方法

パワーを活性化するには、洗浄が済んだクリスタルを両手に持って、意識を石に集中させ、次のように言葉に出して言ってみてください。

"私はこの石をすべての人の至高善のために用います。
どうか私の願いを叶えるためにパワーを活性化してください"

何か具体的な目的があれば、それも付け加えましょう。使い終って非活性化するときは、洗浄してから手に持って、次のように語りかけてください。

"私は石のパワーに感謝します。次回お願いするときまでゆっくり休んでください"

次に、太陽に当てて充電し、それが終わったらカバンや箱、あるいは引き出しの中にしまっておきましょう。

環境を清浄に維持するためや安全な場所を作る目的でグリッドを作るときは、石を並べる際にクリスタルワンドで1個ずつ触れてください。または、それぞれの石が光の糸で結ばれる様子をイメージしましょう。こうすることで効果的なグリッドが出来上がります。

クリスタルのパワーを用いる

　活性化した石は日常的に身につけましょう。できれば肌に触れるようにしてください。あるいは体の一部に当てたり身近な場所に置いておくのもいいでしょう。そうすれば必要に応じてパワーを放射したり引き寄せてくれます。たとえば、ブラックトルマリンやアンバーを部屋の四隅に置いておくと魔よけになります。また、癒しや意識を拡大させるために用いることもできます。

　癒しのパワーを最も簡単に利用する方法は、石をチャクラか臓器の上に15分程度置いて心身のエネルギーの中枢を整えることです。本書ではそれぞれの石の生理学的な関係やチャクラとの関係も詳しく解説していますのでご覧ください。チャクラ（体のサイキックな免疫システム）を定期的に浄化し活性化することで心身のエネルギーを常に最高の状態に維持することができるのです。

　石の効力があまりに強烈で副作用が出た場合は、ただちに使用を止めてスモーキークォーツと交換してください。また、精妙体の神経系の調和を取り戻すには、ナトロライトとスコレサイトが効果的です（p.134を参照）。

　波動の高いクリスタルを用いて意識を拡大させたいときは、第三の目、ソーマ、高次の宝冠のチャクラのいずれかに当てるか、石を持ったまま座りましょう。それから呼吸を整え石に意識を集中させます。何も考えずにただ座るだけでいいのです。何か変化を感じてもそこに意識を向けないようにしてください。

　10〜20分後、クリスタルを体から離し、石が放つ光の渦に完全に囲まれた自分の姿を想像してください。自分の足がしっかり大地を踏みしめている感触を味わいながら立ち上がり、その日の仕事にとりかかりましょう。もし体が"ふわふわ"したり焦点が定まらないときは、スモーキークォーツかヘマタイトを持って次のような場面を想像してください。足の裏（親指の付け根）から伸びた根がアーススターチャクラに集結し、そこから一気に地球の核まで到達します。核には鉄の塊があり、そこに接着した根は、転生した魂を地球につなぎとめるシャーマンのアンカーになります。

英国南西部コーンウォール地方にあるメンナントール遺跡。
古代、この大きな花崗岩の穴を通り抜けると病気が治るといわれていた。

13

はじめに

チャクラパワー

チャクラは生命の息吹の出入り口です。チャクラのバランスが乱れると体の不調（dis-ease）を招いたり、人格障害などさまざまなトラブルの原因となります。でも心配はいりません。これらはすべてクリスタルで癒すことができるのです。

チャクラ図解

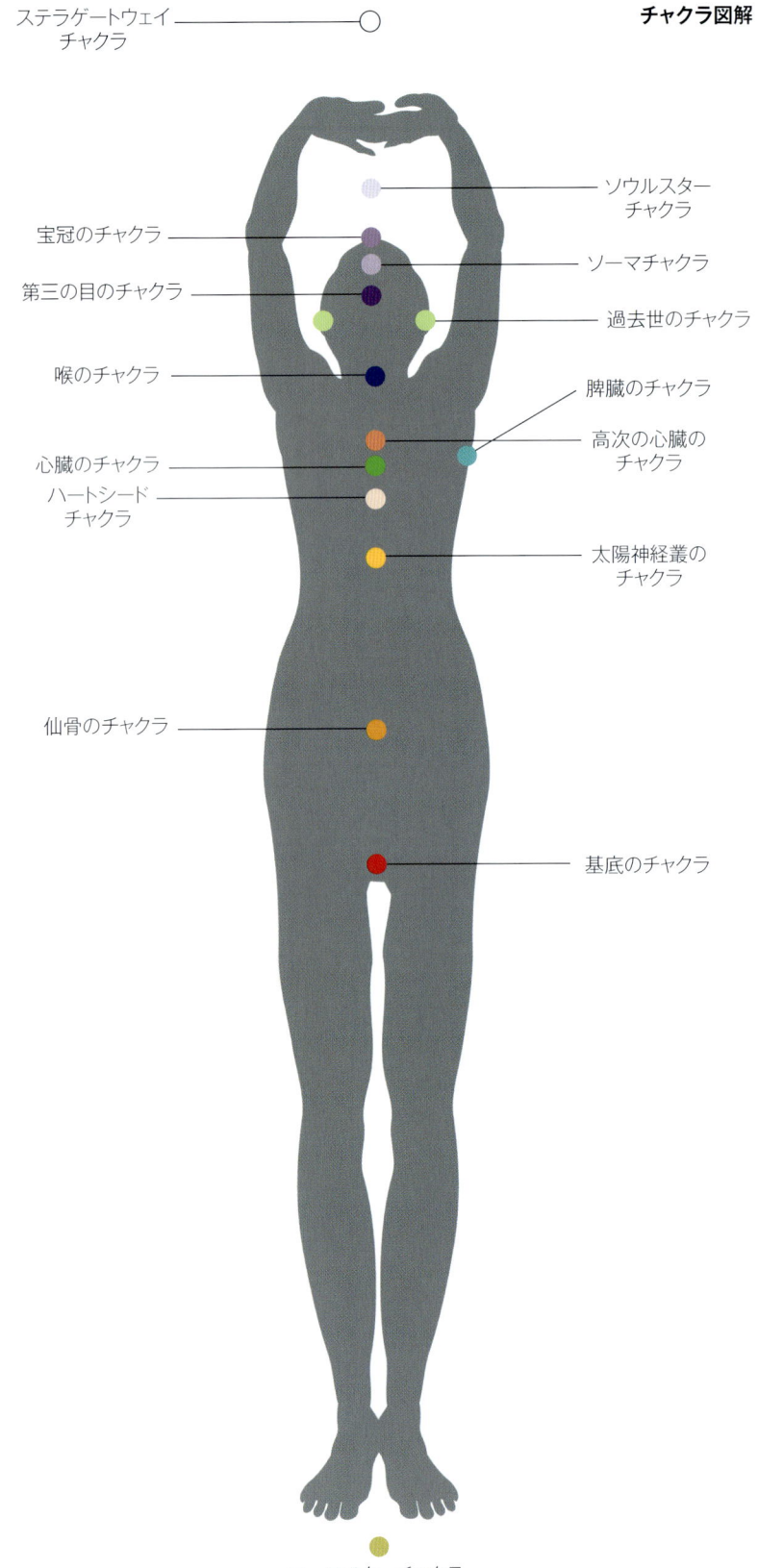

アーススターチャクラ

課題：目の前の現実と向き合うこと。大地にしっかり根をおろすこと（地に足のついた考えをすること）。ジオパシックストレスや汚染物質に影響されやすい。このチャクラが詰まったりバランスが乱れると、体調を崩したり、無力感に苛まれ、日常生活を営むのが困難になる。

否定的なパワー：無力感

肯定的なパワー：明るさと自信

不調の種類：無気力、筋痛性脳脊髄炎（ME）、関節炎、癌、筋疾患、うつ病、精神障害、自己免疫疾患

基底のチャクラ

課題：生存本能と安心感。闘争・逃走反応。バランスが崩れると性的不能に陥ったり、閉塞感、怒り、イライラが募り、過去への執着を断つことができなくなる。

否定的なパワー：不安感と疎外感

肯定的なパワー：安心感と精神的なつながり

不調の種類：軽症が続くかと思えば、突然重症になることもある。関節の痛み、慢性的な腰痛、腎臓、生殖器、直腸などの疾患。体液鬱滞、便秘や下痢、静脈瘤、ヘルニア、躁鬱、腺機能異常、人格障害、不安障害、自己免疫疾患

仙骨のチャクラ

課題：創造性、多産。精力旺盛な自分を受容すること。過去に性的関係を持った相手の霊的磁気による霊障。このチャクラのバランスが乱れると不妊症の原因となったり創造性が阻害される。

否定的なパワー：自己中心的な態度と自尊心の欠如

肯定的なパワー：自尊心と自信

不調の種類：毒素に関係するものと心身症。閉経後症候群、筋肉の痙攣、泌尿生殖器の閉塞疾患、インポテンツ、不妊、アレルギー、中毒、摂食障害、糖尿病、肝臓や腸の疾患、過敏性腸症候群、慢性的な腰痛、尿路感染症

太陽神経叢のチャクラ

課題：感情処理能力とコミュニケーション能力。エネルギーの同化、利用、集束。感情面で霊的磁気の影響がみられる。大病を患うことが人生を顧みるきっかけとなる場合がある。チャクラが詰まると感情に押し流されたり、他人の痛みや苦労を背負うことになる。

否定的なパワー：劣等感と執着

肯定的なパワー：情緒の安定

不調の種類：重度の心因性の病。胃潰瘍、筋痛性脳脊髄炎（ME）、アドレナリン分泌異常、不眠症、慢性不安、消化器疾患、胆石、膵臓疾患、アトピー性皮膚炎、摂食障害、恐怖症

ハートシードチャクラ

課題：魂の記憶と普遍的な愛。このチャクラが詰まると霊的目標を見失う。

否定的なパワー：自分の居場所がない、社会から疎外された感覚

肯定的なパワー：転生の目的を理解し創造主の計画につながっているという意識

不調の種類：肉体面ではなく、精神的・霊的な面で起こりやすい。

はじめに

心臓のチャクラ
課題：愛。いたわり、慈しみ。このチャクラが詰まると愛が育たない。嫉妬心、変化を拒む態度。
否定的なパワー：独占欲
肯定的なパワー：慈愛。周囲との調和
不調の種類：反応性精神病。心臓発作、咽頭炎、肺感染症、喘息、五十肩、潰瘍

脾臓のチャクラ
課題：自己主張。明るさと自信を取り戻すこと。ここはエネルギーの吸血鬼が棲みつきやすい場所。バランスが崩れると、怒りやイライラが募る。チャクラを開いたままにしておくとエネルギーが吸い取られ、免疫が低下する。
否定的なパワー：攻撃性
肯定的なパワー：自己主張、明るさと自信を取り戻す力
不調の種類：原因は免疫力の低下によるもので、症状としては無気力、貧血、低血糖など。

高次の心臓（胸腺）のチャクラ
課題：慈愛。このチャクラが詰まると感情表現が乏しくなり、無条件の愛を注いだり人のために尽くすことができなくなる。
否定的なパワー：困窮
肯定的なパワー：無条件の愛
不調の種類：心臓病や免疫疾患。動脈硬化、ウイルス感染、耳鳴り、癲癇

喉のチャクラ
課題：コミュニケーション。ここが詰まると自分の考え、感情、事実を言葉でうまく表現できなくなる。他人の意見に素直に耳を傾けられない。
否定的なパワー：虚言癖
肯定的なパワー：豊かな表現力
不調の種類：根深い信念に関係する不調。進行性。コミュニケーション障害。喉の痛み、扁桃腫瘍、気管支炎、副鼻腔炎、慢性的な風邪、ウイルス感染、耳鳴り、中耳炎、顎の痛み、歯周病、歯痛、甲状腺異常、高血圧、ADHD（注意欠陥多動障害）、発話障害、過敏性腸症候群

第三の目
課題：直観と精神的なつながり。このチャクラのバランスが乱れると、人の考えに圧倒されたり、不合理な直観が湧きあがる。"他人支配"に縛られ、人の考えを押し付けられる。
否定的なパワー：妄想
肯定的なパワー：直観的洞察力
不調の種類：直観的、形而上学的。片頭痛、精神的ショック、統合失調症、白内障、虹彩炎などの眼病、癲癇、自閉症、脊椎障害、神経学的障害、副鼻腔炎、中耳炎、高血圧、あらゆる種類の炎症

過去世のチャクラ

課題：記憶と遺伝的な問題。バランスが崩れると過去を断ち切ることができなくなる。前に進むことができず、家系を流れる行動パターンを繰り返すことになる。過去にかかわりのあった人物が憑依してあなたを支配しようとすることもある。
否定的なパワー：依存
肯定的なパワー：自発性
不調の種類：慢性的で、過去世に起因するもの。免疫力の低下や内分泌疾患、遺伝子、神経伝達物質、身体機能等の不全。

ソーマチャクラ

課題：霊的アイデンティティ、意識の拡大、魂の旅。バランスが乱れると現実から遊離した性格が形成される。逆に身体性を重視しすぎると魂が自由に旅することができなくなり、霊的なつながりが持てなくなる。
否定的なパワー：物質世界や霊的世界との断絶
肯定的なパワー：肉体を持って転生した魂の霊的成長に気づくこと
不調の種類：自閉症、離断症候群、統合運動障害、ダウン症

宝冠のチャクラ

課題：霊的コミュニケーション。霊性を意識すること。ここが詰まると他人を自分の思いどおりにコントロールしようとする。逆に開いたままだと、強迫観念、霊障、憑依に悩まされる。また、バランスが乱れると環境刺激に対する過敏性が強まり、妄想や認知症を誘発する。
否定的なパワー：横柄
肯定的なパワー：霊性
不調の種類：離断症候群。メタボリック症候群、原因不明の病、神経系の障害、環境刺激や電磁気に対する過敏性、うつ病、認知症、筋痛性脳脊髄炎、不眠症、過度の睡魔、体内時計の乱れ

ソウルスターチャクラ

課題：魂のつながりと霊的悟り。詰まったり、逆に開いたままだと、魂が分裂する。メサイアコンプレックスに陥ったり、"異星人"の侵略にさらされる危険性が高まる。
否定的なパワー：離断症候群。霊性面での謙虚さの無さ
肯定的なパワー：悟り
不調の種類：主に霊的な面で起こる。

ステラゲートウェイチャクラ

課題：宇宙への入り口。詰まったり開いたままだと下級霊と接触したり、霊的に誤った情報を広めることになる。
否定的なパワー：欺瞞
肯定的なパワー：宇宙意識
不調の種類：主に霊的な面で起こる。

明るさと自信を取り戻す

セプター

Scepter ［和名：松茸水晶］

- **対応するチャクラ**：すべてのチャクラを活性化します。特に基底と仙骨のチャクラに強く作用します。
- **生理学的関係**：男性性器、女性生殖器、内分泌腺
- **波動**：種類によって粗いものから高いものまであります。

古来伝わるパワー

　権力の象徴とされるセプターは石の種類ではなく形を意味します。魔法使いの杖のような形をしたこの石は、中心のロッドのまわりに別の結晶が成長した構造を有し、男根を象徴する形と女陰を象徴する形があります。一方、大きなベースの石に小さな結晶ポイントが1個現れたものは逆セプターと呼ばれます。現在では自然の姿をとどめた天然石と彫刻などの加工を施されたものが流通しています。

　古来、王権を象徴するセプターは司祭の正装の一部として用いられていました。古代の司祭や王はシャーマン（呪術師）でもあったことから、セプターには権力のオーラが漂っていたと考えられます。紀元前9世紀の古代ギリシャの叙事詩『イーリアス』には木製のロッドでできたセプターが描かれています。頂部には松茸の形をした球があしらわれ、その表面は金で覆われたうえに宝石がちりばめられた豪華なものでした。現代でもヨーロッパ諸国の多くでは宗教儀式の正装の一部としてこの石が用いられます。これはセプターが国王の神聖不可侵な統治権を象徴すると考えられているからです。

癒しのパワー

　肉体や精妙体にトラブルが発生すると、癒しのエネルギーを患部に集中させます。これにより体内のエネルギーが再構築され心身のバランスが回復します。セプターには石本来の癒しのパワーを増幅し、不調の原因を一気に解消する働きがあります。ただし、パワーの発揮の仕方は石の性質によって異なります。たとえば、マラカイトやオブシディアンなどは強烈にエネルギーを放射するのに対し、アメジストやエレスチャルは穏やかに放射します。

　セプターは幼少期に受けた虐待に起因する情緒的、心理的なトラウマの解消に大きな効果を発揮します。過去世療法でこの石を用いれば、虐待が原因で起こる多重人格を癒すことができます。また、魂の断片を再統合するのに役立ちます。さらに、男性性と女性性のエネルギーを統合してクンダリーニを徐々に覚醒させ、悟りへの準備を整えます。

変容のパワー

　エレスチャルクォーツセプターは失ったパワーを取り戻すのに最適のツールです。失ったことが原因で心の病にかかったり、不安感に襲われたり、人格障害をきたしている場合は特に有効です。パワーを取り戻せば、他人に影響されることなく自分の価値観に基づいて行動できるようになります。明るさと自信を取り戻した新しい自分を発見するでしょう。

石に秘められたパワーを利用する

パワーを取り戻すには、
セプターを基底のチャクラに5分間当て、
大きな声で次のように言ってください。
"私は今からパワーを取り戻し活性化します"

長寿をもたらす

アゲート

Agate ［和名：瑪瑙］

- 対応するチャクラ：色やタイプによって異なります。すべてのチャクラを安定化させ浄化します。
- 生理学的関係：皮膚、眼、リンパ系、体液バランス、子宮、胃、消化器、血管、膵臓、情緒の安定、集中力
- 波動：粗い

古来伝わるパワー

　富、健康、長寿の象徴とされ、古代メソポタミアでは権力を象徴する印章として用いられていたアゲート。プリニウスの『博物誌』によると、古代ローマ人はこの石を用いてすり鉢とすりこぎを作り、それで粉薬を作ったといわれます。

　逆境を乗り越える力を与え、魂を害悪から守ってくれます。鷲は巣にアゲートを運び込んでヒナをヘビなどの外敵から守るという言い伝えもあります。古代人はクモやサソリの毒から身を守るためにお守りとして身につけました。中国では祖先の血が固まってできたのがこの石であると信じられていました。一方、インドや北アフリカではレッドアゲートには悪魔の血が流れていると考えられ、魔よけのお守りとして用いる習慣がありました。

　アゲートは大天使ミカエルと天界の女王シェキーナに関連づけられます。シェキーナはカルマの解消、男女の完全なる結合、神の恩恵を司る女神です。この石は旧約聖書に登場する大司祭の胸当てに用いられた12個の石の8番目の石とされ、さそり座と関係があります。

癒しのパワー

　その昔、アラビアやアフリカの砂漠を旅する人々は喉の渇きを癒すためにアゲートを舐めたといわれます。中世では、水腫や高熱、不眠症、歯周病、子どもの癲癇の治療に用いられていました。現代のクリスタルヒーリングでは、肉体と精妙体を安定させ、リンパ系を浄化し、体液量を調節するために用いられます。この石には情緒を安定させ、集中力を高める働きもあります。

変容のパワー

　この石を用いると、内的自己と向き合うことができます。また、嫉妬、怒り、恨みなどの有害な感情を取り去ってくれます。こうした感情は心臓の不調を招いたり魂を不安にさせる原因となるのです。強力な浄化作用を持つこの石は、どんなにつらい経験も魂の成長の糧となることに気づかせてくれます。また、自己受容と他者受容を促すことで、霊的な気づきを高めます。この石を持ち歩いていると、再出発する勇気が湧き、自分が正しいと思う道を歩んでいけるようになります。さらに、人間は永遠であることに気づかせ、万物一如の見地に立たせてくれます。

　アゲートの中には鮮やかな色合いを持つものもありますが、これは原石に加工を施したものです。鉄などの鉱物とともに加熱することで鈍い色の原石を虹色の石に変えることができるのです。これは、どんな石ころも磨けば光るように、魂を磨けばいくらでも霊性を向上させることができることを教えてくれているのです。

石に秘められたパワーを利用する

日常的に身につけるか
ポケットに１個忍ばせて
常に触れるようにしましょう。
心身に活力がみなぎります。

霊的覚醒を促す

アホアイト
Ajoite

- 対応するチャクラ：第三の目、宝冠、ソーマ、ソウルスター、ステラゲートウェイ。ソウルスター、心臓、喉のチャクラをつなぎます。
- 生理学的関係：細胞組織、細胞記憶、免疫系
- 波動：きわめて高い

古来伝わるパワー

産地である米国アリゾナ州のアホ（Ajo）がその名の由来とされるアホアイト。波動の高いワークに欠かせないこの石は、みずがめ座の時代への移行を加速するといわれます。また、意識の拡大を急激に促すので、この石を用いるとまるで宇宙船が周回軌道に入るときのような衝撃や軽いめまいを覚えることもあります。

この石は地球人類に霊性進化を促します。アーカンソー州ではシャッタカイトの結晶やカルサイトとの混合石も産出されます。これらはシナジー効果を発揮して強力な守護石となり、魂の多次元への旅を加速します。

癒しのパワー

オーラ体、特に情緒体を浄化して高次のチャクラと同調させることで、意識拡大の準備を整えます。また、心に平穏をもたらし、ストレスや不安を解消します。しかし、この石の最大の癒し効果は、神（創造主）との再会を約束する点にあります。この石は経験豊かなヒーラーが用いることが多いですが、初心者でもこの石を浸けたお風呂に入れば、癒しのエネルギーが肉体と精妙体に穏やかに伝わり、自分の波動を上げることができます。また、肉体と再構築されたエーテル体の青写真を調和させ、細胞記憶を活性化し、高次のDNAパターンを覚醒させます。さらに、細胞構造と精妙な免疫システムに新しい安定した波動を送ります。それに加えて、カルマを解消し、精妙体に付着した霊的磁気を除去する働きもあります。

変容のパワー

肉体と精妙体に蓄積した有害な感情、思考、信念、頭にこびりついた嫌な記憶をすべて取り除きます。これによって高次のエネルギーが取り込まれ、霊性進化が助長されるのです。また、この石の波動からは、自分や他者を赦し、受け容れることの大切さが伝わってきます。赤の他人のことで大きな責任や精神的負担を感じている人は、この石を身近に置いておきましょう。彼らはあなたから徐々に離れ、それぞれの人生を歩んでいくようになるでしょう。また、この石は高次の目的と進むべき道を示してくれます。さらに、ソーマチャクラが開きエネルギー体と魂が多次元間を往きかえりすることができるようになります。無限の慈愛の波動を持つこの石は魂を無条件の愛で包み込んで天使の領域につなげます。多次元意識に目覚めることで霊的覚醒を願う人にとっては最高の石です。

石に秘められたパワーを利用する

第三の目かソーマチャクラに当てて
瞑想すると、霊性に目覚め、
意識が拡大します。

友情を育む

アマゾナイト

Amazonite ［和名：天河石］

- **対応するチャクラ**：脾臓、太陽神経叢、心臓、喉。すべてのチャクラを開いて安定させます。
- **生理学的関係**：脾臓、代謝機能、甲状腺、副甲状腺、肝臓、骨、歯、神経系、カルシウム吸収、筋肉
- **波動**：粗い波動を持ちます。鮮やかに輝くターコイズアマゾナイトはグリーンアマゾナイトよりも高い波動を持ちます。

古来伝わるパワー

ギリシャ神話に登場する女性だけの部族アマゾネスは、月と狩猟の処女神アルテミスを崇拝していました。"処女神"といっても肉体的な意味はなく、男性性と女性性のエネルギーを統合することによって精神的な純潔を保ったという意味です。古代ギリシャではアマゾネスは現世と霊界の間ある神秘の世界に住むと考えられていました。

アマゾネスは強い絆で結ばれた女戦士で友情、勇気、忠誠を重んじました。弓をうまく引くために右の乳房を切り落とし、右腕に力が入るようにしたという伝説もあります。彼女たちは子孫を残すために必要なときだけ男性と交わり、それ以外は生殖力と創造力のすべてを戦いと同胞愛に注いだのです。

アマゾナイトの名の由来はアマゾン川ですが、力強さ、不屈の精神、友情といったアマゾネスの属性を備えています。男性性と女性性のエネルギーを統合するこの石を用いると、何かトラブルが起きたときに、問題を両面から見た上で解決策を見出すことができるようになります。

癒しのパワー

精妙な放射能や電磁波をシャットアウトします。特に感受性の強い人の免疫力を低下させるWi-Fi（ワイファイ）から身を守ります。また、この石には精妙体の神経系と肉体の神経系の連携を促し、筋肉の痙攣を抑える働きがあります。さらに、カルシウムと共鳴することから、カルシウムの摂取量を調節し、代謝欠陥を改善して骨粗鬆症、虫歯、石灰沈着を癒します。

変容のパワー

アマゾナイトの緑色の発色原因は鉛です。共感マジックの原理によると、この石には電磁スモッグを遮断する作用がありますが、それは鉛の効力かもしれません。電磁スモッグが原因による不調を解消し最高の健康状態にしてくれます。

自己破滅願望や凝り固まった信念を解消し、創造的思考を促すことで、理想の実現をサポートします。子どものいない女性にはほかの分野で創造力を発揮するチャンスを与え、空の巣症候群になった人には人を育てる能力をほかに役立てる方法を教えます。また、人生を前向きに歩んでゆく勇気を必要としている人や共依存関係を断ちたいと願っている人にはピッタリの石です。自立を促す一方で、困ったときは助けてくれる友人を引き寄せてくれるからです。

美しく輝くターコイズアマゾナイトはグリーンアマゾナイトよりも精妙な波動を有しています。高次の意識状態を探求する際、強力に守ってくれます。また、高次のチャクラに潜む有害なカルマのもつれを解きほぐし、あなたの魂を同じ魂のグループに連れ戻します。

石に秘められたパワーを利用する

アマゾナイトを友人にプレゼントしましょう。
一日1回決まった時間に手に持って
相手のことを思い浮かべましょう。
こうすることで友情を分かち合うことができます。

害悪から守護する

アンバー

Amber ［和名：琥珀］

- ●**対応するチャクラ**：仙骨、喉、高次の心臓。すべてのチャクラを浄化します。
- ●**生理学的関係**：喉、関節、粘液、肝臓、胆のう、腎臓、脾臓、胃、免疫系
- ●**波動**：粗いですが、高次で守護力を発揮します。

古来伝わるパワー

　古来、守護力と再生の石とされてきたアンバー。内部には昆虫類が完全な形で保存され、いまにも息を吹き返して飛んで行きそうに見えます。昆虫やシダ、花などのインクルージョンを示すことから、この石には亡くなった魂が宿ると考えられていたようです。

　ギリシャの哲学者・テオフラストスは、この石は鉄を引き寄せると述べていますが、これはアンバーの静電気に言及したものです。皮膚や絹、羊毛に当ててこすると静電気を帯び、紙切れや羽根を近づけるとくっつきます。こうした現象は古代人の目には魔法のように映ったに違いありません。アリストテレスも樹脂には魂が宿ると考えたほどです。また、プリニウスはアンバーは大地に降り注ぐ陽光に含まれる湿気からできた石で、太陽の生命力が宿ると考えていました。

癒しのパワー

　この石は発火しやすく、古代人はその煙が邪気や呪いを退け、副鼻腔炎や気管支炎、喉の炎症を癒すと信じていました。プリニウスはこの石には盲目、耳漏を癒し、熱を下げる作用があると述べています。古代ヨーロッパ、エジプト、アラビアでは、粉にして蜂蜜や精油を加え、切り傷や火傷の治療、細胞組織を再生するために処方されていたようです。いわば自然の抗生物質としての作用に気づいていたのです。また、疫病、甲状腺腫、癲癇、黄疸、リューマチ、心臓病の処方薬としても用いられていたこの石は、毒を察知すると変色するという言い伝えもあります。一方、古代ユダヤ人やアラビア人が割礼や手術に用いたメスの柄の部分はこの石でできていました。これはアンバーに止血効果があると考えられていたからです。

　この石は自然治癒力を高めます。傷口にこの石を当てると治りが早くなり、胸腺に当てると心身のバランスが回復します。

変容のパワー

　アンバーはマイナスの波動をプラスの波動に変換し、あらゆる害悪から身を守ります。体に当てると、エネルギーレベルでチャクラを浄化し免疫力を活性化することができます。病室の四隅に置いておくと場のエネルギーを清浄に保ち、患者を害悪から守ることができます。

　どうしても成功したいという意欲がわかないときは、この石がおすすめです。決断力を高め新しい生き方に踏み出す勇気を与えてくれます。また、夢の実現をサポートします。この石の助けを借りれば、自分や他者の真価に気づくことができるでしょう。この石には人格よりもお金を重視する人を軽蔑する性質があるといわれます。

石に秘められたパワーを利用する

アンバーを1個頭の上にかざしてください。
石がゆっくり溶け出し、
あなたのオーラをコートのように
すっぽり包み込む様子を想像してみてください。
そのコートはあなたをあらゆる害悪から
守護してくれます。

心の平穏をもたらす

アメジスト

Amethyst ［和名：紫水晶］

- **対応するチャクラ**：第三の目、宝冠、ソーマ、ソウルスター、ステラゲートウェイ
- **生理学的関係**：細胞・代謝過程、内分泌機能、ホルモン調節、神経伝達、脳の働き、免疫系、血液、皮膚、呼吸器、消化器、心身症
- **波動**：高い（ベラクルス、ブランデンブルク、アメジストエレスチャル、シリウスアメジストはきわめて高い波動を持ちます）

古来伝わるパワー

"害悪から身を守ること"や"誠実さ"を意味するアメジスト。叡智、深い愛情、献身、心の平穏を象徴するアメジストは、古来、王侯貴族が権力の象徴としてこよなく愛した石です。アメジストの語源は"酒に酔わない"という意味のギリシャ語で、古代ローマ人はこの石で作った杯でお酒を嗜み、この石を身につけていれば悪酔いしないと信じられていました。

この石の色は鉄分によるものですが、ギリシャ神話には次のような物語があります。ある日酒神バッカスが狩猟の女神ディアーナに侮辱された仕返しに、最初に出会った人間をピューマに襲わせようとたくらみました。そこに偶然、女神の女官アメジストが通りかかりました。彼女はディアーナの神殿へ礼拝に向かう途中だったのです。助けを求めるアメジストの声を聞いた女神は、アメジストを純白の水晶に変えることで彼女を救いました。酔いから覚めたバッカスは罪を悔い改め、純白の水晶に葡萄酒を注ぐと、石はたちまちすみれ色に染まったといいます。

アメジストは大司祭の胸当てに用いられた石で、大天使ラファエルの石です。キリスト教会では、この石を身につけるのは煩悩を断ち切った高位の聖職者に限られます。8世紀ドイツにおける最高位の聖職者であったマインツ大司教は、謙虚な気持ちでこの石を手に持つといつも天国を身近に感じると語っています。

癒しのパワー

精妙体の不調を改善します。鎮静作用があり、中毒症状の原因を知るのに役立ちます。昔から額に当てると頭痛が治るといわれるこの石は、現代では不安を解消し、心身の痛みを和らげるために用いられます。また、精妙な内分泌系のバランスを整え、ホルモンの分泌を調節する働きがあります。さらに、ストレスが原因の消化器系疾患を改善し、腫れや炎症を抑えます。

ジオードやクラスターは、環境の浄化や地球の癒しに最適です。否定的なエネルギーを吸い取って、場のエネルギーを安定させるからです。また、ジオパシックストレスや電磁波を遮断します。

変容のパワー

この石を用いると第三の目が開き、霊的世界が見えるようになります。瞑想したり多次元世界の探求に重宝するこの石は、思考を明晰にし、悟りへ導きます。一方、ベラクルスアメジストのような高い波動を持った石は普通のアメジストとはまったく異なる次元で作用します。ソウルスターかステラゲートウェイチャクラに当てると、魂の起源を知ることができ、傷ついた細胞を多次元的に癒します。また、否定的な力や邪気を払いのけるこの石は、幻想を打ち砕いて現実に目を向けさせ、夢の実現をサポートしてくれます。

石に秘められたパワーを利用する

アメジストを頭の上にかざし、
ポイントを自分のほうに向けてください。
そしてもう1個を額に当てて、
ポイントが下を向くように持ちます。
こうすれば心に平穏がもたらされます。

守護天使を呼び寄せる

アンフィボールクォーツ
Amphibole Quartz

- **対応するチャクラ**：ステラゲートウェイ、ソウルスター、第三の目、宝冠、ソーマ、高次の心臓
- **生理学的関係**：免疫系。主に精妙体、霊体に働きかけます。
- **波動**：きわめて高い

古来伝わるパワー

　大天使ガブリエルに関連づけられるアンフィボールクォーツ。守護天使や高次の存在を呼び寄せます。天使はよく絵に描かれるような人間の姿をした存在ではなく、広大なエネルギー場のようなものです。急激な発振周波数を持つため、多次元間を自由に行き交うことができますが、人間と交流するときは変幻自在に姿を変えるのです。

　旧約聖書、黙示録、新約聖書、コーラン、メソポタミア神話には天使との遭遇を描いた場面が登場します。古代文明から現代にいたるまで、天使は導き、守護、癒しをもたらす存在として人間と深くかかわってきたのです。この石をそばに置いておくと天使の存在を身近に感じ、"神の流出"と同調することができます。また、精神体を刺激し、大脳皮質の発振数を上昇させることで、脳に普遍的意識を行き渡らせる準備を整えることができるのです。

癒しのパワー

　高い波動を持つこの石は、アストラル体、メンタル体、コーザル体間の調和を保ち、霊体のバランスが乱れたときは直ちに修復します。意気消沈したときや不調を感じたときは、応急措置としてこの石を握りしめればすぐに元どおり元気になります。また、この石の波動には空間を浄化する作用があります。愛と平和のエネルギーで場を満たし、場の波動を最高のレベルに引き上げることで、調和のとれた空間を創造するのです。さらに、安定した波動を数日間続けて放射するので、ジェムエッセンスとして用いればエーテル体を効果的に浄化することができます。

変容のパワー

　この石を手に持つと全身が深い喜びに包まれます。ヘマタイトを内包したものは高次のエネルギーを体内に取り込み定着させます。リモナイトを内包したものは邪気を退け、カオリナイトを内包したものは自分の直観に耳を傾けさせます。また、アンフィボールクォーツは古い思考パターンを解消し、魂が育んできた叡智に再びつなげてくれます。霊界や高次の探求に最適なこの石は、あなたを普遍の愛に導いてくれます。ポケットに1個忍ばせておけば常に天使の存在を身近に感じることができるでしょう。もしあなたが人類の霊性進化を助けるために地上に降り立った天使だとしたら、天使本来の性質を保ちながら自分の使命を果たせるようサポートしてくれます。

石に秘められたパワーを利用する

枕の下に置いて寝ると
守護天使に導かれるでしょう。

知力を高める

アパタイト

Apatite ［和名：燐灰石］

- **対応するチャクラ**：第三の目、基底、太陽神経叢。すべてのチャクラの調和を保ちます。
- **生理学的関係**：神経系、内分泌系、代謝系、体内時計、脳の機能、骨、歯、軟骨、関節、甲状腺、副甲状腺、運動機能、細胞構造、再生、カルシウム摂取、クンダリーニ、活動過多、血圧、解毒、肝臓、胆のう、脾臓、精神体
- **波動**：色によって粗い波動から高い波動まであります。

古来伝わるパワー

　古来、霊力が宿る石として神聖視されてきたアパタイト。形而上学的能力を活性化し、チャクラを通して精妙体の代謝機能を調整します。哲学者デカルトが"魂の座"と呼んだ松果体を刺激することでも知られます。松果体が完全に活性化すると、英国の詩人・ウィリアム・ブレイクのいう"一粒の砂の中に世界を見、一刻の中に永遠を感じる"ことができるといわれます。

　"霊的分子"と呼ばれるDMT（ジメチルトリプタミン）は松果体で生成される神経伝達物質の一種で、体外離脱体験や臨死体験などの特異体験を誘発する天然の幻覚剤といわれています。

癒しのパワー

　カルシウムを豊富に含むアパタイトの成分の一つが、人間の体内で自然に生成されるハイドロキシアパタイトです。骨や歯のエナメル質を作るハイドロキシアパタイトは松果体の中の"脳砂"に沈着しています。また、松果体はバイオリズムと24時間周期を調節するメラトニンを分泌します。電磁場の影響を監視しそれに応じて体の機能を調節する働きがあるのです。

　現代のクリスタルヒーリングでは、カルシウム不足による代謝障害や不調を改善するためにアパタイトを用います。松果体にフローライト（蛍石）が蓄積すると睡眠障害が起こり、思春期の性的成熟が遅れる原因となります。アパタイトは精力的にフッ化物とカルシウムを大量に分泌します。結石を溶かし、骨を作る機能や、細胞過程、代謝過程のバランスを回復するとされています。また、カルシウム過多が原因による高血圧を改善する働きもあります。この石を関節に当てると、軟骨や骨の発育が促進され、筋肉痛が和らぎます。さらに、歯の近くの頬に当てると歯列がよくなるといわれます。アパタイトには燐が含まれています。体内での含有量第2位の鉱物である燐は遺伝子を構成する基礎単位で、健全な神経細胞や骨の成長に欠かせない元素です。それに加えて、老廃物を体外に排出する腎臓の機能を正常に保ち、体が必要なエネルギーを貯蔵して利用するためにも必須の要素です。

　フリーラジカルを除去しアンチエイジングに効果があることから、アパタイトには不老不死の石というイメージがあります。シワをのばす働きがあるので、この石を持っていると実際よりも若々しく見えます。右脳と左脳のバランスを整え、神経伝達物質の分泌を活発にします。

変容のパワー

　閃きをもたらすこの石は物質エネルギーと意識エネルギーが交流する領域で作用します。その領域は霊的・形而上学的世界と強くつながる松果体の中にあります。イエローアパタイトまたは希少なパープルアパタイトをソーマチャクラと宝冠のチャクラに当てると霊性に目覚めます。

石に秘められたパワーを利用する

ブルーアパタイトを第三の目、
イエローアパタイトを宝冠のチャクラに当てると、
理性を働かせ、知力と直観力を
統合することができます。

心の眼を開く

アポフィライト

Apophyllite ［和名：魚眼石］

- **対応するチャクラ：** 第三の目、ソーマ、宝冠、ソウルスター、ステラゲートウェイ、心臓、ハートシード
- **生理学的関係：** 眼、皮膚、呼吸器系、粘膜
- **波動：** 高い波動からきわめて高い波動まで

古来伝わるパワー

　進むべき道を照らし出すアポフィライト。セルフアチューメントに最適なこの石は、松果体を刺激して心の眼を開きます。古くから透視力やテレパシーの能力を高めるために用いられてきました。また、ピラミッド型に結晶し鏡のように反射するこの石は水晶占いに最適です。知的な明晰さを得たいときや心を落ち着かせたいとき、迷いや不安を取り払いたいときは第三の目に当てるといいでしょう。また、チャネリングの能力や予知能力を開発するのにも役立ちます。

　ソーマチャクラに当てると、安全に体外離脱することができます。また、第三の目または過去世のチャクラに当てるとアカシックレコード——過去から未来に渡る宇宙の全記録——を読むことができます。さらに、あなたを過去世へ連れ戻してカルマを解消したり、来世へ導いて今世での決断がどのような結果をもたらすのかを教えてくれます。この石は周りの人たちとの和を大切にしながら誠実に生きることの大切さを説きます。

癒しのパワー

　精妙体レベルで最大の効果を発揮します。精神体を癒すこの石はあなたの魂が肉体を持って転生したという事実をしっかり受け止められるよう支援します。また、この石の助けを借りれば、自分の肉体と魂にとって必要なことに注意が向き、心身症や魂の病気が慢性化するのを防ぐことができます。この石が放つ光には癒しのパワーが集束されています。その光はエネルギーの滞りを解消し、否定的なエネルギーを癒しの光に転換します。

　胸に当てると、アレルギー性喘息の症状緩和に効果的です。水分を多く含むこの石は呼吸器官や眼の乾いた粘膜に適量の水分を補給します。また、レイキヒーリングにも役立ちます。この石を用いると氣の流れがよくなり、ヒーラーは自分の氣とレイキが混ざることなく、純粋な癒しの氣を効果的に取り込むことができるからです。この石を持つとレイキに反応しやすくなるので大きなリラクゼーション効果が期待でき、レイキヒーリングへの信頼も増すでしょう。

変容のパワー

　自分の行動や動機の背景にある深い理由を知るのが恐くてこれまで目を背けてきた人は、この石を持って瞑想するといいでしょう。真実が穏やかに明らかになり、心のバランスを取り戻すことができます。それによってカルマが解消し魂に再び平和と安らぎがもたらされます。また、ピラミッド型またはクラスターにはほかの石のパワーを充電する働きがあります。

石に秘められたパワーを利用する

霊性進化の道を歩む人はこの石を
第三の目のチャクラに当ててください。
心の眼が開き、最高次の存在に導かれ、
本当の自分に気づくことができます。

希望の光を示す

アクアマリン

Aquamarine ［和名：藍玉］

- ●対応するチャクラ：喉、第三の目。すべてのチャクラを浄化し調整します。
- ●生理学的関係：顎、眼、肝臓、喉、甲状腺、下垂体、ホルモン分泌、成長過程、免疫系
- ●波動：高い

古来伝わるパワー

　古代、"陽光を浴びて輝く幾千の海をコップの中に閉じ込めたような石"と形容されたアクアマリン。アクアは"水"、マリンは"海"を意味します。色の成分と強さの源は鉄分です。ギリシャ神話では、セイレンの宝石箱からこぼれ落ちた石が浜辺に打ち上げられたのがこの石だとされています。セイレンとは美しい歌声で船乗りを誘惑し、船を難破させたと伝わる海の精です。航海の安全を祈って船乗りがこの石をお守り代わりにしたのはこの故事に基づいています。古代ローマでは、海の神ネプチューンを祀る石でした。
　この石は霊的視覚を開き、心を鎮めて高次の意識へ導きます。中世の頃、半透明のアクアマリンは魔法の鏡として用いられていました。占い師はアクアマリンの指輪を紐に結び、ボウルの上から垂らして占ったそうです。ボウルの周りにはアルファベットが書かれ、指輪がちょうどペンジュラムのように前後左右に揺れて答えを示したといわれます。また、中世のキリスト教徒は罪を洗い流してくれる石と信じていました。
　宝石質のアクアマリンが産出されるのは米国ロッキー山脈のアンテロ山（標高4,300m）付近です。20世紀の作家・チャドボーンとライトは、肉体的にも精神的にもよほどタフでないとこの険しい山に挑むことはできないと述べています。嵐や雹を伴う暴風、身を刺すような寒さが容赦なく登山者に襲いかかる過酷な環境だからです。光の精を呼んで暗闇を追い払い、魂を悟りへ導くといわれるアクアマリンのパワーはこうした厳しい環境で培われるのです。

癒しのパワー

　古くから心に平穏をもたらすとされるこの石は、眼、喉、リンパ腺を癒します。古代ローマでは胃、肝臓、喉の不調、顎の病気の治療に用いられていました。中世の代表的な宗教頭韻詩『農夫ピアズの夢』はこの石の解毒剤としての驚異的な効能について触れていますが、同じような記述は古代の貴石誌にも見られます。現代のクリスタルヒーリングでは、超能力の使い過ぎによって衰えた甲状腺と下垂体の機能を回復させるために用いられます。また、自己表現が苦手な人はこの石を喉に当てるといいでしょう。さらに、胸に当てると不安が取り除かれ、額に当てると精神的知覚を研ぎ澄ますことができます。

変容のパワー

　寛容さを促すこの石は困難に遭遇したときに手を差し伸べてくれます。何事も頭から決めつけてかかる傾向がある人にはそうした態度を改めさせ、自分の行動に責任を持つよう促します。また、固定観念にとらわれていた心を解放し、思い出したくない過去を乗り越える勇気を与えてくれます。さらに、進化は生命の法則であり、魂は自分で決めた霊性進化の道を歩んでいかなければならないことを再確認させます。

石に秘められたパワーを利用する

心臓に当てると心に希望の光が差し、
意識が拡大し、周りに感謝しながら
生きていけるようになります。

大地を癒す

アラゴナイト

Aragonite ［和名：霰石（あられいし）］

- **対応するチャクラ**：アーススター、基底、仙骨、ソーマ、喉、第三の目、心臓、ソウルスター、ステラゲートウェイ
- **生理学的関係**：代謝過程、神経系、呼吸器系、免疫系、カルシウム摂取、椎間板の弾力性、筋肉、歯、骨、肺、喉、精妙体、両極性
- **波動**：粗い波動と高い波動

古来伝わるパワー

メキシコではアラゴナイトを加工した古代の工芸品が数多く出土しています。しかし残念なことに、この石につけられた学術名が原因で、そのような工芸品の持つ魔法の力や治癒力について詳しいことはわかっていません。アラゴナイトという名は産地であるスペインのアラゴン州に由来することから、アルフォンソ10世の頃に編纂された『貴石誌』にも載っているはずですが、どの石がアラゴナイトなのか特定することはできません。成分は鍾乳石からできた炭酸カルシウムで、地球の癒しに大きな効果を発揮し、この地球を最高次の霊的存在につなげます。

この石とワークすると、地球には生命と意識が宿り、人間はこの地球と共生していかなければならないことに改めて気づかされます。また、あなたを地球のエーテル体のグリッドにつなげ、地球意識の拡大を促します。そしてすべての生命はひとつであることを再認識させるのです。

癒しのパワー

アラゴナイトは魂を癒すのに最適ですが、実は肉体にもきわめて有効に作用します。たとえば、この石に多く含まれるアルカリ分は手足を温める効果があります。ホワイトアラゴナイトを体に当てると、酸性過多を改善し、関節痛、筋肉痛、痙攣、こむらがえりなどの症状改善に効果があるといわれます。また、レイノー病患者の手足の指先の血流をよくするのにも有効とされています。一方、ブルーアラゴナイトは関節炎を和らげ、呼吸を楽にしてくれます。アラゴナイトを浸けた水を頭皮にかけると抜け毛予防になります。また、この石にはエネルギーを強める作用がある反面、余分なエネルギーを吸い取って事態を収束する働きもあります。

ブラウンアラゴナイトを基底のチャクラに、ブルーアラゴナイトを喉か第三の目に、そしてライラックピンクアラゴナイトを宝冠のチャクラに当てるとチャクラのバランスが整い、高次のエネルギーを体内に取り込むことができます。ブラウンアラゴナイトは基底のチャクラを安定させ、魂を肉体にグラウンディングさせます。

変容のパワー

あなたを幼少期に連れ戻し、迷いや不安、不調の原因を発見できるよう助けてくれます。また、過去世へ誘導し、エーテル体に刻まれたカルマの傷を癒し、感情の発露を妨げている原因を解消してくれます。さらに、仕事の面で自分に厳しすぎる人には、もっと忍耐と寛容をもって自分に接するよう促し、現実離れした期待を捨てて実現可能な目標を設定できるようサポートします。魂が淋しがっているのを感じたら、繊細なブルーアラゴナイトを握ってツインフレームを呼ぶといいでしょう（注：アラゴナイトはペトリファイドウッドやアンモライトに内包されていることもあります）。

美しいブルーアラゴナイトは銅を含みます。銅は古くからヴィーナス神に捧げる神聖な鉱物とされてきました。波動の高いこの石を仙骨と基底のチャクラに当てると、ヴィーナス神とのつながりを回復することができます。どのアラゴナイトも大地のチャクラに置くと、自分の魂のルーツである母なる大地との絆を深めることができます。

石に秘められたパワーを利用する

ブラウンスターアラゴナイトを
大地に埋めるか地図の上に置くと、
地球を癒すことができます。
特にジオパシックストレスによって
地球のグリッド線が乱れている場合に有効です。

波動を上げる

オーラクォーツ

Aura Quartzes ［和名：オーラ水晶］

- **対応するチャクラ**：色によって異なります。オーラを修復します。
- **生理学的関係**：胸腺、松果体、甲状腺、免疫系、細胞過程、血液の酸素化、肝臓、脾臓（色や成分により作用する箇所が異なります）
- **波動**：染色ではなく、純度の高い鉱物を蒸着させたオーラクォーツは非常に高い波動を持ちます。

古来伝わるパワー

　現代技術の粋によって生み出されたオーラクォーツ。しかしそのベースになっているのは古来の錬金術とシナジー効果です。クリスタルに貴金属を蒸着させることで石本来の波動が大幅にアップするのです。オパール、ルビー、ローズオーラクォーツはプラチナ、アクアオーラクォーツは金、サンシャインクォーツは金とプラチナ、タンジンは金とインジウム、アップルクォーツはニッケル、フレイムクォーツはチタンとニオブ、タンジェリンは鉄と金、レインボークォーツはチタンをそれぞれ蒸着加工したものです。現在もなお、より高い波動の石を作るために常に新しい組み合わせが研究されています。

　オーラクォーツはライトボディを活性化し肉体にグラウンディングさせます。全身のチャクラに沿って並べると、さまざまな色の力によってチャクラの波動が上がり意識の拡大がもたらされます。

癒しのパワー

　肉体の波動だけでなく癒しに用いるグリッドの波動も上げます。また、高い波動領域で作用し、魂の進化を加速させます。感情の呪縛を解き放ち、カルマを癒すことで進化を早めるのです。どのオーラクォーツにも高いレベルの生命力が宿っています。そのため肉体のエネルギー系や免疫系を刺激し、即効性のある解毒作用を発揮するほか、氣の流れを整え、体調を整える働きに優れているのです。

　タンジンオーラクォーツは甲状腺を刺激し、内分泌腺の働きを正常に保ちます。特に過度のフッ素添加による内分泌腺の機能障害に有効です。ルビーオーラクォーツは穏やかな抗生物質としての作用を持ち、肉体や精妙体に巣食う寄生虫を駆除します。また、怒りや恨みなどの否定的な感情を取り除くのにも有効です。ルビーオーラクォーツよりも穏やかなエネルギーを持つローズオーラクォーツは過去に受けた虐待の傷を癒し、魂を無条件の愛で包み、細胞質のバランスを回復します。アップルオーラクォーツはエネルギーの吸血鬼から脾臓を守ります。タンジェリンサンオーラクォーツはすべての細胞組織に強烈なエネルギーを浸透させます。その結果、細胞機能が活性化し精妙なDNAの変容が始まるのです。タンジェリンオーラクォーツは第三の目のチャクラの詰りを取り除きます。

変容のパワー

　オーラクォーツは霊的成長の基盤となる石で、魂を成長へ導く頼もしい存在です。どの種類でも持ち主を高次のエネルギーと同調させ、意識拡大に備えさせます。また、どんなつらい経験もプラスに変えられるよう応援し、自分の身に起こることはすべて魂の成長の糧となることに気づかせてくれます（注：オーラクォーツは脆いので取扱いに注意してください。また、最近は蒸着ではなく、染色しただけのものも流通しています。染料によっては皮膚がアレルギー反応を起こす場合もありますのでご注意ください。p. 42のアナンダライトも参照）。

石に秘められたパワーを利用する

ハートシードチャクラに当てると、
魂の成長の足かせが取り払われ、
多次元世界を自由に探求できるようになります。

量子意識を広げる

オーロラクォーツ
Aurora Quartz

別名：アナンダライト™
Anandalite™

- **対応するチャクラ**：ソウルスター、ステラゲートウェイ及びそれより上にあるチャクラ。
- **生理学的関係**：血球、粘液、中枢神経系、チャクラ。アナンダライトはライトボディを活性化して地球の波動と同調させ、精妙体の神経伝達物質を活性化します。
- **波動**：きわめて高い

古来伝わるパワー

アナンダライトを手に持つと、まるで自分が避雷針になったように感じます。すなわち、喜びに満ちた意識を引き寄せ、それを周囲に放電することができるのです。この石を持って瞑想すると、これまで自分の意識は五感に縛られた狭い世界にあったことに気づきます。また、時空の概念を超越した量子場の存在に気づきます。量子場とは全知の意識が遍在する場で、同時にどこにでも存在します。すべてを見通し、知り尽くし、創造するエネルギー場なのです。

"量子は粒子と波の性質をあわせ持つ""人の意識は時空を越えてどこにでも行ける""そもそも時間という概念は存在しない""私たちの観察行為が現実のありようを変える（観察者効果）"——。アナンダライトを持って瞑想すれば、こうした量子物理学の概念を体感することができます。言い換えれば、古代人が喜びに満ちた意識、聖なる光、悟りと呼んだもの。現代人がスピリット、ソース、アセンションと呼ぶもの。こうした事象を深いレベルで体感することができるのです。

量子物理学とは何かを言葉で説明できなくても、実は私たちはこの世に転生したときすでに量子物理の世界を体験済みなのです。この石は、宇宙はダイナミックでホログラフィックな——すべての意識は多次元に存在し神秘的につながっている——存在であることを私たちに教えてくれます。異次元間に存在する障壁を取り除き、宇宙意識の無限の可能性を示してくれるのです。

また、最高次でクンダリーニの覚醒を促します。クンダリーニが背骨を伝って上昇すると高次の宝冠のチャクラが開きます。それによりあなたは高次の自己とつながり、霊性に目覚めることができるのです。

癒しのパワー

アナンダライトはスカラー波を有しています。この波は自己免疫力を高め、血球の凝集を解除します。さらに中枢神経を刺激し波動上昇のための準備を整えます。この石でチャクラをさっと撫でるようにすると、すべてのチャクラが浄化されてバランスを回復します。順番としては基底のチャクラから始めて宝冠のチャクラへ、そして再びアーススターチャクラに戻ってください。また、この石はエネルギー体を高次の波動と同調させることで、ライトボディを肉体に結びつける働きがあります。

精妙体（メンタル体、アストラル体、エーテル体など）が拡大した意識を統合できないときは精妙体間のバランスが乱れ不調をきたす場合があります。そんなときはこの石を用いることで不調を改善することができます。また、クンダリーニが上昇する方向が定まらないときや、意識の拡大によって体のバランスが崩れたときは、意識と肉体の統合プロセスを促進してくれます。さらに、霊的覚醒を阻止する感情面での障害を取り除くのにも有効です。

変容のパワー

ルミネセンスを示すこの石は持ち主のエネルギー場を聖なる可能性に接続し、すべての生命はつながっていることに気づかせます。また、ほかの波動の高い石を用いて行ったアチューメント（同調）を完結させ、量子的飛躍からすべての生命が恩恵を受けられるよう取り計らいます。

石に秘められたパワーを利用する

ソーマチャクラに当てて瞑想するか
枕の下に置いて寝ると、
最高次の霊的次元に導かれ
魂が覚醒します。

否定的な力を払いのける

アベンチュリン

Aventurine ［和名：砂金水晶・砂金石英］

- **対応するチャクラ**：脾臓、心臓、高次の心臓。色によってはこのほかにも活性化するチャクラがあります。
- **生理学的関係**：脾臓、眼、肺、心臓、皮膚、副腎、副鼻腔、筋肉系、泌尿生殖器系、胸腺、代謝過程、神経系、結合組織
- **波動**：粗いものから高いものまで、色によって異なります。

古来伝わるパワー

　古代、パイライトまたはヘマタイトのインクルージョンを伴うクォーツあるいはフェルドスパーはアベンチュリンと呼ばれ、数々の彫像やアミュレット（お守り）に用いられていました。しかし残念ながら現在では、学術名が原因で、古代人がアベンチュリンにどんな特性を見出していたのかを知ることはできません。古文書に登場する*Smargos*はエメラルドと訳されますが、緑色の石なら何でも*Smargos*と呼んでいた可能性もあります。古代、アベンチュリンが豊富な産出量を誇ったのに対し、エメラルドは希少でした。大司祭の胸当てに用いられた"エメラルド"は実はグリーンアベンチュリンではないかという説もあります。

　ゴールドストーンと呼ばれるアベンチュリンの模造品は錬金術師によって偶然発見されたといわれます。また、あるイタリアの修道会が秘伝の製法でゴールドストーンを作ったという言い伝えもあります。一方、17世紀のベニスでミオッティ家がゴールドストーンを作ったという記録が残っています。現在では豊穣をもたらす石として尊ばれています。

癒しのパワー

　アベンチュリンは多彩な癒しのパワーを有します。胸腺と免疫系に共鳴するこの石は血圧を正常値に保ち、抗炎症作用を発揮します。また、動脈硬化を癒し、コレステロール値を下げる働きもあります。グリーンアベンチュリンは癒しの万能選手です。心臓、副腎、神経系に働きかけ、吐き気を抑えます。ブルーアベンチュリンには優れた精神安定作用があります。ピーチアベンチュリンは地球から肉体へ流れる癒しのエネルギー量を増加させ、レッドアベンチュリンは泌尿生殖器系と共鳴して生殖能力と性欲を高めます。ホワイトアベンチュリンには精妙体と神経伝達物質を癒す働きがあります。

　クリスタルワーカーはアベンチュリンを浸けた水でお肌の状態を改善します。電磁スモッグを遮断するこの石は空間を清浄に保ちオーラを守るのに最適です。特に携帯、Wi-Fi（ワイファイ）、パソコンなどの電磁波の影響を受けやすい人におすすめです。黄泉の王国と強いつながりを持つこの石は環境汚染を改善し、多産と豊穣をもたらします。

変容のパワー

　持ち主のエネルギーを吸い取ろうとする邪気を払いのけます。また、不適切な関係によって心臓のエネルギーが吸い取られないよう防御し、心穏やかに暮らせるよう守ってくれます。

　豊穣を祝うこの石は貧困意識の根底にある欠乏感を克服するのに役立ちます。将来の計画、目標、課題についてじっくり考えたいときはこの石を握ってください。集中力が増し、さまざまな可能性が見えてくるでしょう。安全地帯から抜け出す覚悟がある人にはこの石がピッタリです。自信と行動力を高め、真我と向き合う勇気を与えてくれます。

石に秘められたパワーを利用する

グリーンアベンチュリンを左の脇の下に当てると、
たちまち元気になります。
脇の下からエネルギーを吸い取っていた
霊的磁気を取り除き、
二度と寄り付かないようにしてくれるからです。

地球の霊性進化を加速させる

アゼツライト

Azeztulite™

- **対応するチャクラ**：第三の目、宝冠、ソウルスター、ステラゲートウェイとそれよりも上に位置するチャクラ。すべてのチャクラを高次へつなげます。
- **生理学的関係**：細胞、細胞過程。主に霊的な次元で作用し、波動の上昇を促します。
- **波動**：きわめて高い

古来伝わるパワー

　アゼツライトの高度に純化した強力なエネルギーは新しい時代の到来を告げます。アゼツ（Azez）と呼ばれる宇宙の存在によってきわめて純粋な波動に引き上げられたこの石は、"名もなき光"に満ちあふれ、人類の霊性進化を加速させます。アゼツの目的は、波動の変化に対応できるよう地球を霊的な側面から支援し、細胞意識と宇宙意識を拡大することにあるといわれます。
　この石は目の前の現実とは別の現実や多次元を探求するのに役立ち、異次元の生命体とのつながりを促進します。また、高次のチャクラを活性化し、持ち主を最高次の波動に同調させます。ただし、この石を用いるのはインナーワークを終えてからのほうがいいでしょう。古い思考パターンや有害な感情を取り除き、意識が多次元へ拡大していく準備が十分整ってからでないと、めまい、精神錯乱、過剰な感情の高まりといった副作用に見舞われることがあるからです。もしそうなったときは、別の石で新しいエネルギーを注入すれば副作用を取り除くことができます。また、自分の波動を上げ、肉体に霊光を取り込んでアセンションの準備をするにはほかの石の助けを必要とすることもあります。
　波動の高い石とのワークにまだ慣れていない人は不透明なアゼツライトから始めましょう。一方、ピンク&ゴールデンアゼツライトは経験豊富なクリスタルワーカーの波動をより一層引き上げます。ピンクアゼツライトは持ち主を女神と賢明な女性性のエネルギーにつなげ、ゴールデンアゼツライトは男性神と古代の叡智へつなげます。第三の目に当てると未来の片鱗が見え、理想の未来を現実化させるには今の自分をどう変えればいいのかがわかります。また、アゼツライトはほかの石の波動も上げます。特にクォーツの波動を上げることができます。

癒しのパワー

　細胞意識を刺激します。ある画期的な研究によると、人間の細胞膜は祖先から受け継いだ遺伝子コードのスイッチを、感情や思考に反応してオンにしたりオフにします。なぜ特定の家系にだけ遺伝子の異常が見られるのかはこれで説明がつくというのです。細胞に霊光を浸透させるアゼツライトは、このオン・オフの制御メカニズムに働きかけ、12束DNAの活性化と神経伝達物質の分泌を促します。それにより腫瘍や炎症などの細胞異常を抑制することができるのです。
　この石の最大の特徴は肉体を高次の波動領域へシフトさせる点にあります。脊柱の底部、丹田、脳の中心にあるとされる3つの"拡大ポイント"を活性化してつなげることで、ライトボディを肉体に統合し地球上での意識を拡大させます。

変容のパワー

　この石に宿る"名もなき光"に同調すれば、地球と人類が霊的覚醒に至るチャンスを手にすることができるのです。

石に秘められたパワーを利用する

ソウルスターチャクラに当てると、
地球の波動と多次元の波動を
接続することができます。
それにより高次からの導きや
霊的洞察を得ることができます。

心の呪縛を解き放つ

バンデッドアゲート

Banded Agate ［和名：縞瑪瑙］

- **対応するチャクラ**：ソーマ、第三の目、太陽神経叢。オーラを安定させます。
- **生理学的関係**：眼、皮膚、解毒作用、酸素吸収、細胞機能、脳の働き、認知過程、循環器、泌尿器、神経系
- **波動**：粗い

古来伝わるパワー

　古代、工芸品の材料として人気の高かったバンデッドアゲート。5千年前のメソポタミア人はこの石でアミュレット（お守り）を作りました。石の表面にちりばめられた精緻な金文字にはバビロニアの主神マルドゥクのパワーが宿ると信じられていたようです。さらにもっと古い時代には、バビロニアの嵐神アダドへ奉納した祭儀用の斧もこの石で作られていました。また、古代エジプトでは頭を守るお守りとして用いる習慣がありました。大司祭の胸当てにも使われていたこの石はすべてを見通す神の眼を象徴していたのです。

　バンデッドアゲートの多くは眼の形に似ていることから、邪眼から身を守ると考えられていたようです。また、魔術師にとって必須の道具とされていました。これは縞模様に暗黒界の精霊の勢いを封じる力があると考えられていたからです。さらに、この石には彫像に視力を与える力があるとされていました。3世紀のギリシャの貴石誌には航海の安全を祈ってこの石を身につけるよう船乗りにすすめている記述が見られます。

　11世紀のある貴石誌にはバンデッドアゲートの8つの効能が書かれています。その中に、心の呪縛を解き放つ力、憑依から守護する力などが挙げられています。たとえば、アゲートを浸けた水を飲用すると除霊効果があると記されています。

癒しのパワー

　ホリスティックな癒しを得意とするこの石は精妙体と肉体を調和させ心の葛藤を取り除きます。適切なチャクラに当てると、細胞記憶を高め、解毒作用を促し、細胞に酸素を行き渡らせます。ボツワナアゲートは禁煙したい人におすすめです。部屋の中にこの石でグリッドを作ると、空間を清浄に維持し邪気を退けることができます。

変容のパワー

　この石の縞模様には精妙体の癒しや過去世療法に必要な波動が宿ります。特に前世で肉体を罪深い存在と考える宗教的価値観に縛られていた人を癒すのに効果的です。ピンクボツワナアゲートは幼少期に受けた虐待の傷を徐々に癒してくれます。この石の穏やかな波動に触れると、自分を大切にするようになります。また、肉体を持って転生した以上、性欲を持つことは当然であると教えます。秘密厳守を誓った人やカルト集団に属している人がこの石を用いると、呪縛から解放され、洗脳から目覚めて自分の頭で考えることができるようになります。

石に秘められたパワーを利用する

第三の目のチャクラに当てると、
これまであなたのエネルギーを吸い取ってきた人や
自身の成長とともに
付き合う必要がなくなった人たちとの縁を
完全に切ることができます。

記憶力を高める

ベリル

Beryl［和名：緑柱石］

- **対応するチャクラ**：太陽神経叢、宝冠、心臓。色と形によって異なります。
- **生理学的関係**：肝臓、心臓、胃、脊柱、喉、肺、循環器、肉体と感情面での解毒作用。ゴールデンベリル（ヘリオドール）はリンパ管に作用します。
- **波動**：粗いものと高いものがあります。

古来伝わるパワー

　プリニウスによると、古代インドの職人がベリルの原石を細長い六角柱状に加工したところ、ひときわ鮮やかな海緑色が浮かび上がり、それ以来海緑色のベリルは最も珍重されてきました。職人たちはこの石を象の剛毛に結んだといわれます。さらにプリニウスの時代よりも昔には、この石に宿る精霊を呼び出すと、どんな秘密も教えてくれると信じられていました。また、雨乞いの儀式に用いたり、嵐の神の怒りにふれないように護符として用いる習慣もあったようです。

　中世では神託を授かる石として人気がありました。女王エリザベス1世のおかかえ占星術師だったジョン・ディー博士はきれいに磨いたベリルを水晶占いに用いました。現代でも第三の目を刺激する力があるとされ、16世紀の作家・レジナルド・スコットはセントヘレン教会での礼拝の際、"宝石質のベリルから女性の姿をした天使が現れ、どんな質問にも答えてくれる"と言っています。

　ベリルは幸福と永遠の若さを象徴しています。古くから故人を偲ぶのに最適の石といわていますが、その謂れはわかっていません。12世紀の魔術師・アルベルトゥス・マグヌスは、この石には邪気や悪霊を退ける力がある一方で、死体に触れると突然、力を失うと言っています。それでも、当時は降霊術に欠かせない石として人気がありました。

　1886年にS・M・バーナムは、米国メイン州ストーンハムでは長さ数フィートもあるベリルが見つかることもあると報告しています。バーナムによると、北アイルランドのモーン山地で産出されるブルーベリルも高品質ですが、ロシアで産出されるベリルが最高品質とされています。ベリルは大天使アウリエルとザドキエルの石で、主天使を率いるとされています。

癒しのパワー

　古代、ベリルは眼病の治療に使われていました。また、腫れた喉にこすると扁桃腺炎が治り、肝臓の上に当てるとどんな痛みも取れるといわれていました。さらに、この石を浸けた水を飲用するとしゃっくりが止まるといわれていました。現代でもこの石を浸けた水でうがいをすると喉の炎症を抑えるのに有効とされています。ストレス予防にも用いられるこの石を肝臓やリンパ管に当てると解毒を促します。それに加えて、心臓、肺の働きを活発にし、血の巡りをよくする働きもあります。

変容のパワー

　この石は初心者に最適です。穏やかな波動は思考を明晰にし、古い考えやこだわりを捨てるよう促します。また、有害な感情や不純物を取り除くこの石は魂が歩むべき道を照らし、自尊心を高め人生に変容をもたらします。

石に秘められたパワーを利用する

気分が落ち込んだときはこの石を持って、
幸せな頃の自分を思い出してください。
その幸せな記憶はあなたに寄り添い、
つらい時期を乗り越えさせてくれるでしょう。

強い守護力を持つ

ブラックトルマリン
Black Tourmaline

別名：ショールトルマリン
Schorl ［和名：黒電気石］

- **対応するチャクラ**：アーススター、基底、高次の心臓。すべてのチャクラを保護しオーラを修復します。
- **生理学的関係**：免疫系、脊椎、解毒過程、運動機能、肺
- **波動**：粗い

古来伝わるパワー

多様な化学組成を有し、さまざまな色を持つトルマリン。魔よけの石としての効能を物語る伝説はたくさんあります。古代の文献に登場する *Shorl*（ショール）という名の石は現在のブラックトルマリンだけを指します。

ブラックトルマリンの強力な守護力の源は鉄分です。ただし、否定的なエネルギーを払いのけるのではなく、石の内部に閉じ込める性質があります。これは内部構造によるものですが、鉄分を多く含む石に共通に見られる特性です。部屋の中にグリッドを作れば、否定的な力や邪気を払いのけることができます。

トルマリンは圧力をかけたり太陽などの熱で温めると電気を帯びます。静電引力・反発力を持ち、温めると灰を吸い寄せることから"灰取り石"とも呼ばれます。これはオランダ人の子どもが偶然発見した特性ですが、その後オランダの水夫たちの間に広まりました。彼らはパイプに詰まった灰を取り除くためにこの石を使い始めたからです。また、中国では役人がかぶる帽子のボタンを作るのにビルマ産のこの石が用いられていました。

癒しのパワー

電磁波や否定的な力、邪気から身を守ります。脳の働きを調整し、難読症や統合運動障害を改善します。また、脊柱を整え、免疫力を高め、甲状腺の働きを活発にします。患部に当てると痛みが和らぎ、関節炎の症状改善に有効です。

変容のパワー

電磁波やジオパシックストレス、Wi-Fi（ワイファイ）、放射能などの影響を受けやすい人におすすめです。有害物質を足の先から体外に排出し、地球を癒すパワフルなエネルギーに転換する作用があるからです。この石を喉の辺に身につけるか、パソコンや電気製品の上に置いておくと、電磁波をよけてオーラを強化することができます。

この石はお守りとしても最適です。攻撃をしかけてくる相手の名前の上にこの石を置いておくと身を守ることができます。

心理的な面では、いつまでもマイナス思考にとらわれているとそのうち不調をきたし、健康を害することに気づかせます。前向きに考えて行動することで、自身の成長にとって好ましい環境を作り出せるようサポートしてくれます。

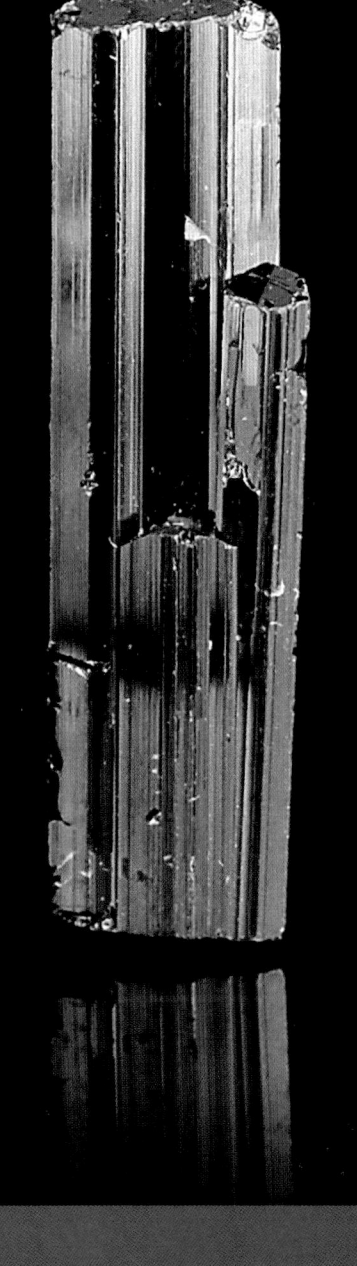

石に秘められたパワーを利用する

第三者からの嫉妬、悪意、
呪いを感じとったら
すぐにこの石を身につけましょう。
あらゆる害悪から守護してくれます。

優れた浄化作用を持つ

ブラッドストーン
Bloodstone
別名：ヘリオトロープ
Heliotrope
［和名：血石］

- **対応するチャクラ**：基底、仙骨、高次の心臓。下半身のチャクラを浄化し調整します。
- **生理学的関係**：血液循環、腎臓、副腎、肝臓、胆のう、脾臓、膀胱、腸、代謝過程、解毒、酸性化バランス、免疫系、リンパ系
- **波動**：粗い

古来伝わるパワー

　古来、天候の恵みをもたらし、邪悪な力を払いのける石として尊ばれてきたブラッドストーン。古代から中世にかけては、この石をお守りとして身につける習慣がありました。最古のヒーリングストーンの一つに数えられ、5千年前のメソポタミアでは血液を清めるための"秘法"として用いられていました。一方、十字架にかけられたイエス・キリストの血が足元にあったジャスパーに滴り落ちたときにできたのがこの石だという伝説もあります。また、古くからこの石に含まれる酸化鉄には止血効果があることから、傷口を癒すと信じられていました。プリニウスの時代には、この石を身につけると透明人間のように姿が見えなくなると信じられていたようですが、プリニウス自身は否定しています。

　宝石の世界では勇気と叡智を象徴しています。魔術師のアグリッパは名声と長寿を約束する石であると言っています。ビクトリア時代の人々は喪に服すときにこの石を身につけました。古代の貴石誌の多くはヘリオトロープとブラッドストーンを同じ種類として扱っていますが、実際にはヘリオトロープは半透明でブラッドストーンは不透明です。

癒しのパワー

　中世では鼻血を止める効果があるといわれていましたが、この石が血や腎臓と深く関係することを発見したのは古代メソポタミア人でした。古代の中近東と中世ヨーロッパでは粉末にして蜂蜜と混ぜ合わせ、ヘビの毒を消したり、腫れを抑えたり、出血を止めるために用いられていました。
　アルフォンソ10世の『貴石誌』には、膿瘍（のうよう）の場合、患部の上に吊るしておくと1日で排膿を促すと記されています。また、この石を見るだけで眼病を予防できるという記述も見られます。昔からこの石の熱と乾燥状態は水様性分泌物を止めるのに有効とされてきました。現代のクリスタルヒーリングでは血液を浄化して腎機能を高め、精妙体のエネルギーを浄化するために用いられます。また、膿（うみ）を減らし、体が過度に酸性化するのを防ぐといわれています。

変容のパワー

　いろんな角度から魂を守護します。邪悪な力をはねのけ、精神的な混乱を解消します。光が当たる角度によって色が変わることから七変化の石といわれるこの石は、持ち主が姿を隠して多次元を往きかえりする方法を教えてくれます。日常生活の面では、戦略的撤退のタイミングを知らせると同時に、いざというとき困難に立ち向かう勇気を与えてくれます。新しい環境に適応したいときはこの石を携帯するといいでしょう。また、アンセストラルライン（用語集p.216を参照）を癒します。マイナス思考と過去の呪縛から抜け出して今を生きることができるよう応援します。さらに、持ち主の波動を上げて心身を浄化する作用もあります。

石に秘められたパワーを利用する

高次の心臓のチャクラに当てると、
免疫力がアップし
風邪やインフルエンザ予防になります。

表現力を高める

ブルーレースアゲート

Blue Lace Agate ［和名：青縞瑪瑙］

- 対応するチャクラ：喉、第三の目、宝冠、心臓
- 生理学的関係：眼、喉、肩、首、甲状腺、胃、子宮、リンパ系、消化器系、骨格、膵臓、毛細血管
- 波動：粗い

古来伝わるパワー

ブルーレースアゲートは比較的新しい石ですが、ブルーアゲートは古くからコミュニケーションを円滑にする石として尊ばれてきました。古代ギリシャ-ローマの神秘的宗教であるオルフェウス教の『リティカ』(訳注：宝石の不思議な力を詠んだ叙事詩)には、ブルーアゲートを身につけると気品が漂い、巧みな弁舌で相手を魅了すると記されています。以下はその一節です。

この石を身につけた男性は巧みな話術で女性を口説き落とす。
一方、この石を身につけた女性は巧みな話術で意中の男性をものにする。

11世紀のレンヌ司教・マルボードの文献には"アゲートを身につけている女性は感じがよく、話が上手で、神の恩寵を受ける"と記されています。また、17世紀の英国の風刺作家・バーナード・マンデヴィルは、"この石を身につけると雄弁になり、言葉遣いも上品になり……知性と教養が身につく"と語っています。1585年、イタリアの数学者・ジェロラモ・カルダノは、この石のおかげで"自制心と慎重さが身につき"交渉とディベートに勝つことができたと記しています。

現代ではこの石を用いると情報を分析する力と集中力が養われるといわれます。また、第三の目に当てると心の眼が開き、目の前の現実の向こうに広がる世界を直観的に察知することができるといわれます。

癒しのパワー

この石の穏やかな波動は乱れた心を鎮めてくれます。また、喉のチャクラを開いて素直な自己表現を促します。感情を抑えて言いたいことも言えずに我慢しているといつか不調をきたします。そうならないよう今まで抑えていたものを徐々に吐き出させてくれるのです。さらに、感情を抑えていると五十肩や喉の不調を招くこともあります。そんなときは喉のチャクラに当てると症状が改善します。石の波動が甲状腺と副甲状腺のエネルギーのバランスを回復し、代謝機能を促進するからです。

この石を浸けた水でうがいすると喉の痛みがおさまります。また、この水は脳内の体液量を正常に保つ働きもあります。

変容のパワー

コミュニケーション能力と自己表現力を飛躍的に高めます。素直に感情を表に出せないことが原因で発症した心身症を改善します。また、人からバカにされるのではないかと不安になったときには強い味方になってくれます。さらに、過去世から引きずる怒りを鎮め、相手を赦すよう促します(p. 20のアゲート、p. 40のバンデッドアゲートも参照)。

石に秘められたパワーを利用する

喉の辺りに身につけると、
喉の痛みが和らぎます。
また、自分にとっての真理と霊的真理を
語ることができるようになります。

霊的能力を活性化する

ブルームーンストーン

Blue Moonstone ［和名：青月長石］

- **対応するチャクラ**：ソーマ、第三の目、宝冠、ソウルスター、ステラゲートウェイ、高次の心臓、ハートシード
- **生理学的関係**：女性生殖器系、リンパ系、代謝系、消化管、松果体、皮膚、毛髪、眼、活動過剰、バイオリズム、精妙体
- **波動**：ホワイトムーンストーンは低い波動、レインボームーンストーンは高い波動、ブルームーンストーンの天然石はきわめて高い波動を持ちます。

古来伝わるパワー

ブルームーンストーンの産地はスリランカ及びインドの一部地域です。月のパワーが宿るこの石は形而上学的能力を活性化します。月の女神ディアナの化身とされるこの石を身につけると、叡智と勝利が授かるといわれます。プリニウスによると、この石は月の満ち欠けにしたがって大きさが変わり、満月にはひときわ鮮やかな輝きを放ちます。青みがかった乳白色は結晶内部に溜まった水分によるものです。

中世の頃、月が満ちていくときにタリズマン（護符）としてこの石を身につける習慣がありました。月が大きくなるとともに愛が育っていくと信じられていたからです。逆に月が欠けていくときに身につけると未来を見通す力が授かるといわれていました。また、舌の下に入れると石の特性が活性化され、氣やクンダリーニの通り道を広げると考えられていたようです。

ヒンドゥー教徒にとっては霊石で、この石に宿る聖霊は幸運を引き寄せると信じられています。また、大天使ガブリエルに関連づけられます。

癒しのパワー

古くから精神異常を予防し、魂を鎮めるとされてきました。また、月経や閉経をコントロールし、妊娠前の女性の生殖器の機能を最大限に高めるともいわれています。胸腺に当てると、肉体がライトボディを統合するために必要な鉱物と栄養素を吸収することができます。

変容のパワー

ホワイトムーンストーンは妄想をかきたてることもありますが、ブルームーンストーンはこうした妄想を深い霊的洞察に転化し、意識を拡大して霊的潜在能力を呼び覚まします。クリスタルワークの初心者は3種類のムーンストーンを順番にソーマチャクラに当ててみてください。自分の波動が徐々に上がっていくのを感じるでしょう。ホワイトムーンストーンは形而上学的能力に目覚めさせ、霊的エネルギーを体内に取り込む準備を整えてくれます。レインボームーンストーンは肉体を宇宙のエネルギーと霊光で満たします。その結果、あなたは生命と意識の大いなる循環の一部となるのです。一方、ブルームーンストーンは多次元へ意識を最大限に拡張します。この石を用いれば複数の場所に同時並行的に存在することが可能になります。

穏やかな性質のブルームーンストーンは"男性的な"人が自身の女性的な面に気づき、勝気な女性が自分の優しい面に気づくきっかけを与えてくれます。また、この石を用いることで男性性と女性性のバランスが保たれ、錬金術的結婚や中性的存在になるための準備を整えることができます。

石に秘められたパワーを利用する

首に10分ほど当てると、筋肉の緊張がほぐれ脳の血流がよくなります。

完全性をもたらす

ブランデンブルク
Brandenberg

- **対応するチャクラ**：すべてのチャクラを活性化します。
- **生理学的関係**：エーテル体の青写真、大脳辺縁系、神経伝達物質、神経系、細胞系、電気系、新陳代謝のシステム、免疫系
- **波動**：きわめて高い

古来伝わるパワー

　並はずれたパワーと明晰性を有し、純粋意識と同調するブランデンブルクはあなたの魂の万華鏡です。癒しのパワーという点でこの石に勝るものはありません。もし1個だけクリスタルを選ぶとしたら、迷うことなくこの石をおすすめします。すべての願いを叶え、ときに期待以上の結果をもたらしてくれます。この石が生成される場所は地球に張り巡らされたエネルギーの道筋(経絡)が交差する地点です。地球を癒し人類の意識拡大を促すという重要な役目を持ちます。

　アメジスト、スモーキークォーツ、クリアクォーツのエネルギーと共鳴するこの石は、シナジー効果を発揮して肉体、感情、精神、祖先、地球、カルマ、霊性の各レベルでバランスを回復します。また、内部のファントム(気泡)を通って多次元を探求することができます。

　邪気、固定観念、第三者の念やカルマの影響を払いのけ、不要になった魂の義務を解消します。また、この石を手に持つと体のエネルギーを完璧な状態に持っていくことができます。さらに、魂が今世の目的を果たせるよう応援します。この石を持って瞑想すると、魂が自らを成長させるためにどんな環境を選んだのか、一つひとつ知ることができます。あなたを人生の岐路へ連れ戻し、自らが過去の選択に違った意味づけをすることで、未来に成長の種を蒔くことができるよう応援してくれるのです。この石はどんな経験も魂の成長の糧になることを教え、霊性進化の道を照らします。

癒しのパワー

　魂の旅が始まる前の完璧な青写真の状態へ連れ戻して持ち主の波動を再調整します。すべての細胞・組織・器官の働きを整え、肉体と魂を完全な状態に導きます。また、細胞を深く癒し12束DNAを活性化するこの石には、細胞膜の働きを助け、"意識の進化"をもたらす新たな神経経路を作る働きもあります。

　不適切な関係を断ち切り、古い魂の契約を破棄するこの石は、過去世または今世に起因するエネルギーの略奪行為から守ってくれます。また、この石はカルマを一瞬のうちに浄化し、脳に新しいエネルギーのパターンを埋め込み、免疫機能を最高の状態にリセットします。さらに、意識世界と物質世界のインターフェースとなるこの石は、邪悪な力をはねのけて清らかな霊光であなたを包み込み、高次の霊的存在から導きが得られるよう見守ってくれます。

変容のパワー

　今のままであなたは完全な存在であることに気づかせてくれます。

石に秘められたパワーを利用する

購入する前に心の中で
この石を呼び寄せてください。
そうすればあなただけの
ブランデンブルクが見つかります。

無為自然の境地に導く

ブロンザイト

Bronzite ［和名：古銅輝石］

- **対応するチャクラ**：特にアーススター、基底、仙骨。すべてのチャクラを活性化し統合します。
- **生理学的関係**：血液、細胞、生化学過程、鉄分の吸収、アルカリ性と酸性のバランス、神経系、循環器系
- **波動**：粗い

古来伝わるパワー

ブロンザイトのパワーの源は鉄分です。古代、鉄は神々からの贈り物と考えられていました。これは鉄が隕石の中に含まれていたことによります。古代ローマの歴史家・プルタルコスはこの石を"神々の骨"と呼びました。大気圏を通過して地球に落ちた隕石に含まれる鉄は製錬する必要がなく、冷めた状態で鍛錬することができました。それゆえ、地球上で鉄が採掘されるようになるまでの数千年間、人類は隕石に含まれる鉄を利用してきたのです。鉄でできた最古の工芸品は7千年前のものと推定されます。

鉄は生体に必須の成分で、赤血球中のヘモグロビンを運搬するなど細胞構造にとって重要な役目を担います。鉄分が不足すると体力が低下し、生化学過程を維持できないのです。ブロンザイトは慢性疲労を回復させ心身に活力をもたらすとされています。また、肉体や精神に宿る男性性と女性性のエネルギーのバランスを保ち、自己主張を促し、決断力を高めるといわれます。

ブロンザイトは魔よけのお守りとしても売られていますが、取扱いに注意が必要です。一歩間違えば、悪意、呪文、邪気の効力を増幅させる効果があるからです。そうなると否定的な力があなたにはね返ってくるおそれがあります。こんな場合に備えて、ブラックトルマリンと一緒に用いれば否定的な力を完全に遮断することができます。

エネルギーレベルで環境を浄化し、否定的な力をプラスに転換し、外敵から身を守ります。この石に守られていると無為自然の境地に導かれます。昔からシャーマンが用いたこの強力な石は持ち主を守るパワーアニマルを探しに霊界の旅へ誘います。さらに、この石を用いると自分の真我と出会うことができます。

癒しのパワー

現代のクリスタルヒーリングでは、鉄分の吸収を促して赤血球の循環をよくし、経絡を巡る氣の流れを改善するために用いられます。また、鎮痛作用を持つこの石は酸性過多を防いで筋肉の痙攣を予防します。電磁波をよけたいときは身につけるか室内にグリッドを作るといいでしょう。

変容のパワー

ブロンザイトの強力な電磁流量は体内羅針盤を作ります。それは物質世界と霊的世界において自分の進むべき道を示してくれます。また、人や自分に対して厳しい見方をする人には、慈愛と赦しがいかに大切かを教えます。無力感に苛まれている人や、自分のパワーを誰かにあずけてしまった人がこの石を持つと、パワーを取り戻して正しい方向に進むことができます。また、過去世で勝手気ままに振る舞ってきた人に、自我ではなく魂の目的に沿って生きる方法を教えます。

石に秘められたパワーを利用する

安心して瞑想できる
神聖な場所を確保したいときは、
ブロンザイトのタンブルを6個用意して
六芒星を作るといいでしょう。

感謝の心を育てる

カーネリアン

Carnelian ［和名：紅玉髄］

- ●対応するチャクラ：基底、仙骨
- ●生理学的関係：血液、血液を多く含む臓器、代謝過程、生殖器、鉱物の吸収
- ●波動：粗い

古来伝わるパワー

"この石のペンダントや指輪をすると優雅さと気品が漂う"と古代詩に詠われたカーネリアン。古来、地中海沿岸と中近東地域では印章やお守りとして人気の高い石でした。プリニウスは、不運を追い払い幸運を招く石と呼びました。また、メソポタミア文明初期にはさまざまな病気の処方薬として用いられ、古代エジプトではジャスパーと一緒に新生児の手首にお守りとして巻く習慣がありました。さらに、17世紀の英国の貴石誌には"カーネリアンは英気を養い、悪夢や不安を追い払い、魔女や害虫を遠ざける"と記されています。ゲーテはこの石は"幸運をもたらし、邪気を退け、持ち主と家族を守る"と言いました。アラブ世界ではアラーの名を彫ったこの石は魔よけのお守りとして用いられ、預言者ムハンマドも銀にはめ込んだこの石の印章を身につけていたといわれます。

アルフォンソ10世の編纂による『貴石誌』には"その美しさと効能ゆえに人々に愛されている"と記されています。カーネリアンの効力の一つに、裁判にかかわる人に力を与えるという点が挙げられます。たとえば、この石を身につけた弁護士は雄弁に意見を主張し裁判に勝つことができたといわれます。さらに、願い事をすべて叶えてくれる石とされていました。現代では豊穣を祈願する儀式で用いられます。

癒しのパワー

アルフォンソ10世の『貴石誌』は声が弱々しい人にこの石を身につけるようすすめています。喉にエネルギーを与えるからです。止血効果が高いこの石は生理時の出血を抑えるために用いられていました。また、粉末にして歯磨き粉にしたり、虫歯の穴にかぶせたり、歯茎の炎症を抑えるためにも用いられていたようです。さらに、現代のヒーラーが重宝するこの石には不妊症、インポテンツ、不感症を癒す効果があるといわれます。それに加えて、炎症を抑え、鉱物の消化吸収を促し、うつ病を改善するといわれます。

変容のパワー

勇気と行動力を与えます。また、モチベーションを高め、心身に活力を与え、夢の実現をサポートしてくれます。この石の魔法の力を借りれば、ありふれた日常を一変させることができます。たとえば、自分にとって理想的な仕事に出合ったら応募資格がなくても迷わず応募してください。無事採用され、あなたはそこで人の人生を大きく変えるような仕事をすることになるでしょう。

また古くから嫉妬を寄せ付けない石とされてきました。東洋思想ではもしあなたが誰かの富や財産をねたんだら、その想念によってその人は財産を失うとされています。こうした思想は妬みの持つ負のパワーについてカルマの視点から深い洞察を与えてくれます。高潔なこの石は現状に感謝し人の幸せを喜ぶことで、宇宙全体がますます豊かになることを教えてくれるのです。

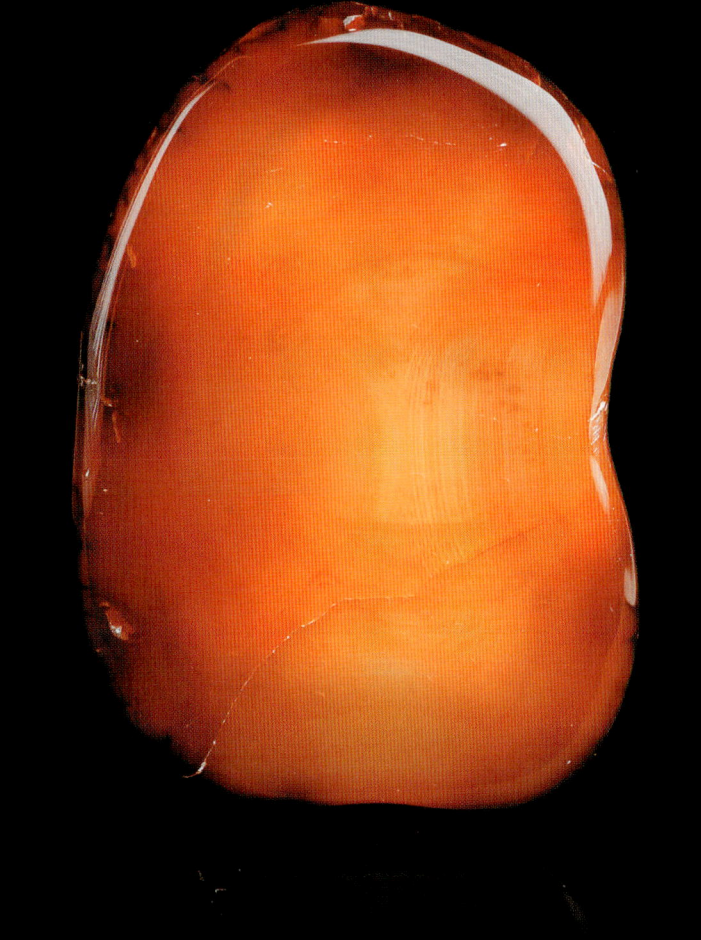

石に秘められたパワーを利用する

カーネリアンは
目につく場所に置くのがベストです。
そばを通り過ぎるたびに触れて
"ありがとう"と伝えましょう。

知識の宝庫

カテドラルクォーツ
Cathedral Quartz

- **対応するチャクラ**：過去世、ソーマ、宝冠、ソウルスター、ステラゲートウェイ及びそれより上のチャクラ
- **生理学的関係**：鎮痛作用、細胞過程、ウイルス
- **波動**：きわめて高い

古来伝わるパワー

　幾つもの結晶が折り重なって成長したその姿が荘厳な大聖堂のように見えるカテドラルクォーツ。"光の図書館"と呼ばれる結晶には現在・過去・未来の情報と知識がすべて保存されています。アカシックレコードにつながるこの石の形状は地球と人類の波動を上げるために生まれたといわれます。新種のクリスタルが発見されると、私はいつもカテドラルクォーツを使ってクリスタルの大霊からその石に関する情報をダウンロードすることにしています。

　多数のポイント（先端）が突き出した形は宇宙のワンネス（一体性）を象徴しています。言い換えれば、私たちは深いところでひとつにつながっていることを表しているのです。この石はグループワークで用いると集団の意思に調和と拡大をもたらします。また、集団のエネルギーを受信したり送信したりする役目を果たします。

癒しのパワー

　クォーツ本来の優れた癒しのパワーがさらにレベルアップしたこの石は細胞記憶に霊光の波動を伝えます。また、遺伝的要因による体の不調を改善します。肉体面では、鎮痛作用を発揮し、細菌・ウイルス感染を予防します（患部に直接当てるといいでしょう）。

変容のパワー

　この石を用いると自分というひとつの完全な存在と魂の遍歴にアクセスすることができます。自分はどこから来てどこへ向かうのか、この世に生まれてきた目的は何なのか——。誰もが抱くこうした疑問に答えてくれるのです。さらに、自分の存在価値と存在意義を知ることができます。カテドラルクォーツにはいろんな種類がありそれぞれに特有のパワーが備わっています。

　クリアカテドラルクォーツは創造主の子として私たちが歩むべき真実の道を照らし出します。シトリンカテドラルクォーツは貧困意識を解消するのに最適です。自分にとって真の繁栄とは何か、心の豊かさとは何かを考えさせ、常に"足るを知る"よう諭すからです。また、個人の意思の力と宇宙の豊かさに気づかせることで、自尊心を高め豊かさを引き寄せます。スモーキーカテドラルクォーツは否定的な力をプラスに変え、魂を癒しカルマを解消します。サイズの小さいものはグリッドにすると効果的です。マイナス思考や否定的な感情の連鎖が不調を招いている場合は特に有効で、癒しの光を注いで波動を上げ、否定的な力を払いのけてくれます。

石に秘められたパワーを利用する

毎日この石と瞑想すると波動が上がり、
プラス思考が自然に身につきます。

魂の聖域をつくる

セレスタイト
Celestite ［和名：天青石(てんせいせき)］

- 対応するチャクラ：喉、第三の目、宝冠、ソウルスター、ステラゲートウェイ
- 生理学的な関係：眼、耳、喉、筋肉、細胞構造
- 波動：高い

古来伝わるパワー

セレスタイトの語源はラテン語の*caelestis*で、"天国のような石"という意味です。晴れ渡った青空を連想させるこの石は宇宙と強いつながりがあります。この石を眺めていると高次の世界へ導かれ、深い安心感に包まれます。私たちの意識を拡大しすべての生命との調和と共存を促します。真冬の暗闇に差す陽光のように、暗い考えを一掃し希望の光を示すこの石は、人生の暗闇に陥ってもいつかは希望の光が差すことを私たちに教えてくれるのです。

抜けるような青空を思わせるスカイブルーの発色原因は微量の金です。金は純粋な心に宿る黄金色の魂を連想させます。一方、この石のパワーの源はストロンチウムです。加熱すると紅色に光る（炎色反応）ことから現代でも赤い花火を作るのに用いられます。一見デリケートなこの石は実は大きなパワーを秘めているのです。

天使の聖歌隊が作ったという伝承があるこの石は、天使とのコミュニケーションに最適です。日常的にこの石をそばに置いておくと守護天使を呼び寄せることができます。ブルーセレスタイトは大天使ミカエルと、ライラックセレスタイト（ライラックアンハイドライト）は大天使ザドキエルに関連づけられます。

癒しのパワー

穏やかな波動を持つこの石は細胞記憶を高次の波動で満たします。遺伝子の潜在力を引き出し、遺伝子や細胞記憶に刻まれた不調を改善し細胞内の秩序を回復します。ワークの際に体に当てると筋肉の緊張が和らぎ、喉の炎症がおさまります。

変容のパワー

この石と瞑想すると宇宙の叡智とつながり、自分の魂の聖域をつくることができます。まだクリスタルのパワーに馴染みのない人にはこの石が一番おすすめです。多次元との接触を可能にし、内なる自分や高次の自己に出会うために必要な穏やかな空間（聖域）をつくってくれるからです。

不安や心配事がある人はこの石を持って瞑想すると迷いが消え、希望が湧き思考が明晰になります。考えるのではなく感じるよう促すこの石は本能と直感の働きを調和させます。創造性と発想力を高める必要のある人、特に芸術関係の仕事に携わっている人におすすめです。

石に秘められたパワーを利用する

第三の目に当てると
天使とのコミュニケーションが可能になり、
プレイアデス星人と接触することができます。

優れた洗浄力を持つ

クローライトクォーツ
Chlorite Quartz

- **対応するチャクラ**：心臓、高次の心臓、アーススター。すべてのチャクラを浄化します。
- **生理学的関係**：免疫系、解毒作用、ミネラルとビタミンの吸収
- **波動**：粗いものから高いものまであります。

古来伝わるパワー

　優れた浄化作用を持つクローライト（緑泥石）。クォーツに内包されるとその特性はさらに強まります。複雑な内部構造は否定的なエネルギーを閉じ込めてプラスのエネルギーに変換するのに適しています。この特性により個人のエネルギー場が浄化され、精妙体と肉体が調和し、正常に機能する環境を整えることができるのです。

　クローライトはクォーツのポイントの中に固形もしくはファントムで現れます。ファントムには宇宙の全記録が保存されているといわれます。この形状は持ち主が過去を広い視点で捉え直し、古い思考パターンを手放して新たな成長を遂げるのを助けます。また、幾層にも重なりあったファントムは、水晶の成長過程だけでなく、肉体を持って転生を繰り返す魂の成長過程も象徴しています。クローライトのポイントは邪気を退け、肉体と精妙体を浄化してその機能を回復させます。

　また、癒しと浄化の大天使ラファエルと共鳴し、環境を清浄に保ちます。ポイントの先端を部屋の外に勢いよく向けることで室内が浄化され、瞑想やヒーリングのための神聖な空間をつくることができます。また、ヒーリング用の部屋にやや大きめのクローライトを置いておくと、ヒーリング中に発生した否定的なエネルギーを吸い取ってくれます。

癒しのパワー

　淀んだエネルギーや毒素を体外に排出します。また、抗生剤による治療の後で腹部に当てると、お腹の中の善玉菌を増やします。さらに、この石を入れてお風呂に入るとシミや脂肪のかたまりが取れるといわれます。

　不安やパニック障害を抑えるこの石を身につけると、双極性障害などの精神障害の症状緩和に有効です（この場合は経験豊かなセラピストの指導を仰いでください）。

変容のパワー

　脳細胞に刻まれた否定的な記憶によって至高の"善"の実現が妨げられている場合、この石がそうした記憶を徐々に解消してくれます。否定的な記憶が占拠していた脳細胞の部分にはクォーツの光が注がれます。その光は神経場を傷つけることなく、細胞記憶のプログラムを書き換え、持ち主の潜在能力を最大限に引き出してくれます。また、浮遊霊がオーラに付着したときは、クローライトのポイントを用いて霊を光の方向へ導き、霊界へ無事送り届けることができます。

　クローライトはイライラ、嫉妬、怒りを解消します。慈愛と赦しのエネルギーを放射し、個性を尊重するよう促します。地に足のついた自己実現をサポートするこの石は、今世でのあなたの魂の大きさと存在意義を教えてくれます。

石に秘められたパワーを利用する

ポイントを自宅の水洗トイレの
タンクに吊るしておくと
否定的なエネルギーを洗い流し、
室内環境を清浄に保つことができます。

心に静けさをもたらす

クリソコラ

Chrysocolla ［和名：珪孔雀石（けいくじゃくせき）］

- **対応するチャクラ**：仙骨。すべてのチャクラを浄化・活性化し、持ち主を神聖なエネルギーに接続します。
- **生理学的関係**：膵臓、血液と循環、脳、骨、筋肉、甲状腺、喉、消化器系、生殖器系、代謝系
- **波動**：粗いものから高いものまであります。

古来伝わるパワー

　古代の文献に記載されている石は総称名が多いため、テオフラストスやプリニウスの著書に見られる"クリソコラ"は実際にはマラカイト（p. 122を参照）を指している場合もあります。クリソコラは古代ギリシャ語で"金をつなぎあわせる石"という意味で、古代では精巧な金細工に用いられていました。古代エジプトの科学・医薬書『ライデンパピルス』には"はんだ"の製法が記されています。そこにはベースとなるクリソコラを還元剤で加熱すると銅が抽出され、できた銅は金に対して良好な接着性を示すと記されています。ただし、ベースになる石がマラカイトであったかクリソコラであったかは不明です。どちらもエジプトの銅山で産出されていたからです。また、"金をつなぐ石"はアルフォンソ10世の『貴石誌』にも登場し、どんなものでも粘着させてしまうと記されています。さらに、潰瘍を完治させ、眼の疥癬（かいせん）や網膜剥離を癒すと記されており、こうした効能はクリソコラの性質や効能と一致します。

　銅を抽出するにせよ金をつなぎあわせるにせよ、こうした過程は魂が変容していく過程――霊的錬金術――を象徴しています。否定的なエネルギーをプラスに変え、自分の内在神とのつながりを深めるクリソコラにはこうした魂の変容を促す力があるのです。

癒しのパワー

　クリソコラは昔から強力な解毒剤として用いられてきたほか、痙攣を抑え安眠をもたらす弛緩剤としても使われてきました。枕の下に置いて寝ると悪夢を追い払うと信じられていたようです。また、新陳代謝を促し眼や喉を保護する作用があり、感染症、甲状腺腫、痛風の症状緩和にも効果があるとされていました。スモーキークォーツと用いると真菌感染症に効くといわれます。現代のクリスタルヒーリングでは、肝機能を活発にし、重金属を体外に排出するために用いられます。また、肉体と精神に活力を与え、無気力を改善する働きもあります。

　ドゥルージークリソコラは感情的・身体的トラウマを和らげます。クリスタラインクリソコラ（ジェム・シリカ）を下半身のチャクラに当てると今世や過去世で受けた性的虐待によるトラウマを解消します。特に秘儀やカルトの儀式が関係している場合に有効です。

変容のパワー

　心に静けさをもたらすこの石を用いると、自己中心主義を捨て、自分が描く理想に沿って行動することができます。喉元に身につけると、信念を貫いて生きることができ、自分の信条を冷静かつ流暢に語ることができるようになります。また、この石は反対意見を述べる人に慈愛と赦しの心を持って接するよう促します。さらに、依存心が強い人に自信と自立心を取り戻させます。クリスタラインクリソコラはクリソコラよりも高い波動を持ち、エネルギーの強化と安定化という面でより大きな力を発揮します。

石に秘められたパワーを利用する

クリソコラを入れて熱いお風呂に入ると
心身ともにリラックスできます。

錬金術の石

シナバー

Cinnabar ［和名：辰砂］

- ●**対応するチャクラ**：基底と仙骨
- ●**生理学的関係**：血液、生殖器系
- ●**波動**：粗い

古来伝わるパワー

　古代エジプトの錬金術の目的は、卑金属を金に変える賢者の石や不老不死の妙薬を探し求めることではなく、神が世界を創造した過程を再現することにありました。錬金術は寿命を全うした魂が光輝に満ちた霊的世界へ旅立ち、そこで再び生まれ変わる過程を表しています。言い換えれば、小宇宙（人間の魂）と大宇宙（外界）の照応を象徴しているのです。

　古代エジプトの錬金術師クレオパトラは"下のものは上のものの如く、上のものは下のものの如し"と語りましたが、これはヘルメス・トリスメギストスが錬金術の基本原理を記した『エメラルド・タブレット』の中の有名な言葉を言い換えたものです。

> それは地から天に昇り、ふたたび天から地へ降りた時、上なるものの力と下なるものの力を新たに身につける……これは全ての剛毅のうちでもいやがうえにも剛毅である。それはあらゆる精妙なものと固体に打ち勝ち浸透する。かくして世界は創造された。
> 　　　　　　　　　　　岡野玲子作『陰陽師』（白泉社、2004）より引用

　古代人にとってシナバーは自ら水銀を作り出す魔法の石でした。紀元前1世紀のローマの建築家・ウィトルウィウスは、この石をハンマーでたたくと水銀の涙を流すと記しています。水銀は錬金術の過程で抽出される金属です。当時の人々にとって、赤いシナバーから出てきたのは白い光沢を放ち、分離と結合を繰り返す摩訶不思議な金属だったのです。

　古代エジプトの科学・医薬書『ライデンパピルス』には神々を支配すると信じられていた魔法のゴールドインクをシナバーを使って作る製法が載っています。また、石器時代の洞窟壁画にはシナバーが顔料として用いられていますが、これはこの石に霊力が宿ると考えられていたからです。一方、古代ペルシアでは燃えるような朱色から竜血と呼ばれていました。また、古くから東洋ではこの石を金庫にしまっておくと富貴を引き寄せるという言い伝えがあります。この石は大天使ミカエルに関連づけられます。

癒しのパワー

　毒性の強い石ですが中国では多産をもたらす漢方薬として5千年以上前から用いられてきました。また、中世ヨーロッパでは水銀は性病の治療に用いられていました。もっとも、危険度という点では病気そのものよりも水銀のほうが高かったようです。現代のクリスタルヒーリングでは、血液をサラサラにし心身に活力を与えるために用いられます。

変容のパワー

　肉体、感情、精神、霊性の面で変容を促進し、肉体は魂にとって厳しい修行の場であることを再認識させます。適度な自己主張を促すこの石はエネルギーの詰りを取り除き、チャクラの働きを整えます。また、万物には神が宿り、高次と低次は照応することに気づかせます。さらに、魂が自らの波動を最高次に上げ、創造主の力に触れることができるよう支援します（使用後はかならず手洗いしてください）。

石に秘められたパワーを利用する

タンブルを基底と宝冠のチャクラに当てると、
体の中心を走る
エネルギーの通り道が活性化し
霊的変容が促進されます。

豊穣をもたらす

シトリン

Citrine ［和名：黄水晶］

- **対応するチャクラ**：主に仙骨。すべてのチャクラを浄化し活性化します。
- **生理学的関係**：解毒作用、循環器系、エネルギー系、胸腺、甲状腺、脾臓、膵臓、腎臓、膀胱、女性生殖器
- **波動**：高い

古来伝わるパワー

　昔から"商人の石"と呼ばれるシトリンは、豊かさと繁栄を引き寄せる意識とつながっています。豊かさを引き寄せるには集中力と強い意志が必要です。また、繁栄とは単に経済的に豊かであることを意味するのではなく、心の豊かさに気づき、必要なものはすべて宇宙が与えてくれるという安心感に包まれた状態を指します。

　この石を用いると自尊心や自信が湧き、自分の価値を決めるのは職業や財産ではなく人間としての品性や格であることに気づきます。いつまでも夢ばかり追いかけるのではなく、今この現実を生きる力を与えてくれるのです。また、願望を実現するために必要なものをすべて引き寄せてくれます。

癒しのパワー

　体に活力を与え免疫力を高めます。退行性疾患に有効なこの石はエネルギーの流れをよくし、ホルモンのバランスを整えます。脾臓と膵臓に栄養を与え、泌尿器系の感染症や痛みを緩和します。また、この石を浸けた水を飲用すると生理痛が和らぎ、慢性疲労が回復します。

変容のパワー

　豊かさを実感するためには今を精一杯生きることが大切です。シトリンは豊かな宇宙に存在する新たな可能性に目を向けさせます。室内の吉方位——玄関から入って左手すぐの部屋と一番奥の部屋——にこの石を置くと豊かさを引き寄せるといわれます。また、何でも先延ばしにする癖がある人や、邪悪な期待感にとらわれている人にもおすすめです。猜疑心、罪悪感、不安、自分を憐れむ心などを手放すことができます。さらに、思いついたことはかならず実現できることを教えてくれます。

　自分の親が放つマイナスの波動が原因で基底と仙骨のチャクラのバランスが崩れると、無力感に苛まれたり創造性が低下します。その結果、貧困や欠乏感を引き寄せる意識が頭をもたげます。そんなときは、否定的な意識を繁栄をもたらす意識に変えるスモーキークォーツとシトリンがおすすめです。スモーキークォーツを足の下のアーススターチャクラに置くことで物質世界にグラウンディングすることができ、シトリンを基底と仙骨のチャクラに当てることで願望実現の流れを引き寄せることができます。

　この石は自分が今この瞬間に引き寄せたいものに意識を集中させるのに役立ちます。また、自分が本当にやりたいことをやっていれば豊かさはあとからついてくることを教えてくれます。ポケットに1個忍ばせておくと夢が実現するでしょう。宇宙もあなたの魂も、あなたの成功を望んでいるのです。日々のささいな喜びに感謝し、豊かさを分かち合い、与えることに喜びを見出すことの大切さを教えてくれます（注：シトリンは自浄能力に優れた石ですが、定期的に浄化することでより効力が高まります）。

石に秘められたパワーを利用する

シトリンを金庫や財布に入れておくと
繁栄を引き寄せることができます。

受容性を高める

ダンビュライト

Danburite ［和名：ダンブリ石］

- **対応するチャクラ**：心臓、高次の心臓、ハートシード。ソウルスターとステラゲートウェイチャクラを活性化します。
- **生理学的関係**：心臓、循環器系、肝臓、胆のう、筋肉系、運動系
- **波動**：高いものからきわめて高いものまであります。

古来伝わるパワー

　心臓を効果的に癒すダンビュライト。蒸着処理した石は原石よりも高い波動を持ち、心臓のチャクラとソウルスターチャクラを天使の領域とつなげます。宇宙の慈愛——存在の総体を灯す無条件の愛の炎——を象徴するこの石は物事をあるがままに受け入れることの大切さを教えます。

癒しのパワー

　肉体面では循環器系の機能を高め、肝臓や胆のうに蓄積した毒素を体外に排出します。また、慢性的な不調を改善し、アレルギー症状を和らげ、運動機能・筋肉を強化します。精妙体レベルでは、失恋の悲しみを癒し、高次の心臓とハートシードチャクラに無条件の愛と受容を浸透させます。その結果、ライトボディと肉体が統合します。ゴールデンダンビュライト（アグニゴールド™）は心身相関的な疾患やカルマの傷を癒します。また、自分を慈しむよう促し、霊的成長を妨げる原因を取り除いてくれます。

変容のパワー

　深いレベルでの変容と心の平穏をもたらします。これまで一度も愛されたことがない、人を愛せない、自分を赦せない——。こうした悩みを抱えている人は心臓のチャクラと高次の心臓のチャクラにこの石を当ててください。存在の総体に宿る無条件の愛と無限の慈愛につながり、愛に抱かれながら生きていくことができます。

　ライラックダンビュライトは悲しみが原因で滞った心のエネルギーの流れを回復します。また、愛する家族や仲間との別れに直面したときに悲しみを和らげてくれます。なぜなら、肉体が滅びても無条件の愛という永遠の絆でつながっている限り、またいつかどこかで会えることを教えてくれるからです。その一方で、最高次の存在からの導きと宇宙意識につなげ、心に静けさをもたらします。深いレベルでカルマと魂を癒すこの石は記憶を浄化し、霊性進化を阻んできた古い魂の義務を解消してくれます。

　米粒ほどの水晶に覆われたドゥルージーダンビュライトは心臓のエネルギーをより精妙な波動に押し上げ、大天使や慈愛に満ちたブッダのエネルギーに接続します。また、どんな困難も笑い飛ばす元気を与えてくれるこの石は、ガンなどの末期患者や深刻なうつ病の人にも最適です。この石をそばに置いておくと気分が晴れ、深い洞察を得ることができるからです。さらに、忍耐力を養い、魂と二人三脚で霊性進化の道を歩んでいけるよう見守ってくれます。

　スモーキークォーツと一緒に用いると、有害な感情を解毒して浄化することができます。純金を蒸着させたアクアダンビュライトはあなたの純粋な霊性を活性化します。また、過去世で受けた心の傷が原因でバラバラになった魂の断片を故郷に連れ戻し、受容と慈愛に満ちた人生を歩んでいけるようサポートします。

石に秘められたパワーを利用する

ダンビュライトのパワーを心臓に伝えるには、
心臓のチャクラに当てて
温かいお風呂に15分間浸かるといいでしょう。

人との調和を促す

ダイヤモンド
Diamond

- 対応するチャクラ：宝冠
- 生理学的関係：脳、眼、新陳代謝、アレルギー
- 波動：粗いものから高いものまであります。

古来伝わるパワー

　地上で最も硬い石ダイヤモンド。古来、無敵の象徴とされ、プリニウスは"征服できない力を持つ石"と呼びました。しかし、ファセット加工されたダイヤモンドが登場したのは比較的最近のことです。インド神話では空中戦を闘った一対の宇宙の竜の遺骸だとされています。実際、ダイヤモンドの主成分は宇宙にも存在することから、人類のルーツは宇宙にあるとの推測も成り立ちます。気の遠くなるような歳月と自然過程を経て幾つもの分子が集まり、やがて1個のダイヤモンドへと成長していったのです。古代人はこの鉱物が宇宙に起源を持つことを知っていたに違いありません。

　ブラックダイヤモンドは昔から万物の根源である"空"の象徴とされ、未知の世界を知る力を与えるといわれてきました。プリニウスは、ダイヤモンドは金または岩の中で生成されると信じていました。古代ギリシャの哲学者・アポロニオスは火にくべてもダイヤモンドは熱くならないことに驚きました。

　1867年、南アフリカで子どもが22.5カラットのダイヤを発見したのを機に、ダイヤモンドを求めて世界中から人々が殺到するようになりました。やがてダイヤモンドは国の権力者がこぞって所有するようになったのです。ロシア皇帝の王笏にセットされた195カラットのオルロフ・ダイヤモンドは盗品で、もともとインドのマイソールにあるヒンズー神の彫像の目に使われていたといわれています。ダイヤモンドは純粋と永遠を象徴し、大天使メタトロンの宝石です。ほかの石とともに用いると、その石のパワーを強めるといわれています。

癒しのパワー

　プリニウスによると、ダイヤモンドは毒を中和し、"精神錯乱状態"を鎮め、根拠のない不安を追い払います。古代から中世にかけては黄疸、胆石、癲癇、発熱の治療にダイヤモンドを浸けた水を飲用する習慣がありました。現代では思考を明晰にして想像力を刺激する力があるほか、ジオパシックストレスや電磁波から身を守るといわれています。

変容のパワー

　ダイヤモンドはファセット加工や研磨することではじめて輝きます。その美しさと輝きはじっくり手間暇かけて引き出さなくてはなりません。ダイヤモンドの輝きの決め手はカットです。熱や水の冷たさに影響されないこの石は、厳しい自然環境を生き抜く神秘的な力を象徴しています。お守りにもなり、意識の拡大と霊性進化を助長します。また、ダイヤモンドの輝きは原石を磨くことで初めて得られるように、霊性進化を遂げるためには魂を磨かなければならないことを私たちに教えているのです。さらに、変容させる必要のあるものすべてを明らかにします。この石を身につけていると、余計なプライドを捨て、協調性を身につけることができます。

石に秘められたパワーを利用する

昔から婚約指輪として用いられてきた
ダイヤモンド。
この宝石を身につけると
愛する人と永遠のハーモニーを
奏でることができます。

過去世を癒す

デュモルティエライト
Dumortierite

- **対応するチャクラ**：ソーマ、過去世、喉、第三の目
- **生理学的関係**：胃、腸、細胞
- **波動**：粗い

古来伝わるパワー

　発見者であるフランス人古生物学者のエウジェネ・デュモルティエ氏にちなんで1881年に命名されたデュモルティエライト。青色の発色原因はチタン（ルチル）です。米国アリゾナ州ユマで産出されるこの石はクォーツのポイントに埋め込まれた繊維状の結晶で見つかります。多色性のこの石をそばに置いておくと、過去世が癒され、物事の両面を見ることができます。

　持ち主を魂の旅の出発点へ連れ戻し、永遠の自己に宿る叡智につなげます。また、貧困の陰に潜む魂の誓約を無効にし、過去世で誰とも性的関係を持たなかったことに起因する性的な問題を解決します。さらに、前世から引き継いだ魂の目的の中で不適切なものを捨て、魂が自ら選んだ学びに集中できるようサポートします。今直面している困難はカルマによるものなのか、それとも魂の成長のために自ら選んだものなのかを教えてくれるのです。また、過去を断ち切り、カルマに起因する依存症を克服できるよう支援します。この石を使って細胞記憶のプログラムを組み直すことで、強迫観念を解消することができます。

　自分の手で運命を切り拓いていけるよう応援します。また、カルマは日頃の何げない一言や行動から生じることを教えます。さらに、過去世を癒すことでカルマの悪い波動から脱し、魂の目的に沿って生きていけるようサポートします。あなたが高い波動と純粋な意思を持っていれば、もはやカルマが生じる余地はありません。この穏やかな石は魂が転生を繰り返す中で得た学びや洞察を明らかにし、なぜカルマの影響を受けてきたのかを理解させてくれます。

癒しのパワー

　精妙体レベルで優れた癒し効果を発揮するこの石は心身症とカルマを解消することで不調を改善します。ただし、腹部に当てたりこの石を浸けた水を飲用すると吐き気、痙攣、下痢、疝痛を引き起こす場合もありますので注意してください。枕の下に置いて寝ると不眠症が改善します。また、細胞記憶を活性化し過敏症を和らげます。心臓の辺りに当てると動悸や不安発作がおさまり、この石をお風呂に入れて入浴すると日焼けした肌のケアに効果的です。日常的にトラウマやうつ病に悩まされている人はこの石を身につけるといいでしょう。

変容のパワー

　現実的なこの石はカオスから秩序を形成します。体の構造を整え、心のプログラムを作り変え、自分という存在の本質は魂であることを再認識させます。この石の助けを借りれば、ゆるぎない自信を持つことができます。人間は運命の人質に非ず、自分の運命は自分で切り拓くものであることを教えてくれます。

石に秘められたパワーを利用する

ソーマチャクラまたは
過去世のチャクラにこの石を当てると、
過去世を探求することができます。
それによって因果応報を実感し、
魂の契約の再交渉に臨むことができます。

物質と精神の統合を促す

エレスチャルクォーツ
Elestial Quartz ［和名：骸骨水晶］

- ●**対応するチャクラ**：アーススターほか。色によって異なります。
- ●**生理学的関係**：エーテル体の青写真、脳細胞、松果体。色によって関係する器官が異なります。
- ●**波動**：高いものからきわめて高いものまであります。

古来伝わるパワー

　ニューエイジ信奉者に人気のエレスチャルクォーツは魂が進むべき道を照らします。折り重なった結晶には純粋意識が宿り、内部には新しい細胞秩序が形成されています。物質と精神を統合するこの石は、霊性進化を加速させ、ライトボディと肉体が波動の上昇に適応できるよう準備を整えます。また、この石の中には多次元へ通じる扉があります。変化の触媒となるこの石を用いると、心の平穏を保ちながら、波動の変動に適応することができます。

癒しのパワー

　優れた癒し効果を発揮し、体調を整えカルマとエーテル体を浄化します。多次元に作用するこの石は個人のエネルギー場を再構築し、細胞粘膜の働きによってDNAが潜在力を最大限発揮できるよう働きかけます。寝室のベッドの周りにグリッドを作るとジオパシックストレスを遮断し、悪夢を追い払い、うつ状態を改善することができます。スモーキーエレスチャルクォーツは放射線療法や化学療法の副作用を抑え、有害物を癒しの光に変えます。傷口や体の痛いところに当てると症状が緩和します。
　ローズエレスチャルクォーツは肉体の心臓とエーテル体の心臓を癒し、ハートシードチャクラを開きます。アメジストは松果体を活性化し、新陳代謝のシステムと神経経路を再び同調させ、右脳と左脳の働きを統合します。

変容のパワー

　スモーキーエレスチャルクォーツは否定的なエネルギーを吸い取って放出します。この石で作ったグリッドには肉体や地球環境を恒常的に癒し、環境を清浄に保つ働きがあります。また、この石の助けを借りれば、エーテル体の青写真やアンセストラルラインを違った視点で捉え直しアンセストラルラインの出発点のエネルギーを変質させることができます。その結果、細胞記憶のプログラムが書き換えられ、カルマが癒され、未来の世代はパワーを取り戻すことができるのです。さらに、カルマにからめとられてきた人々──過去世で何度となく同じ失敗や過ちを繰り返してきた人々──に新たな道を選択する自由を与えます。
　アメジストエレスチャルクォーツでグリッドを作るとその場の波動が安定します。グリッドの中にいると安心して波動の変動を乗り切ることができるのです。また、この石は中毒症状を改善し、成長とともに不要になった魂の義務を解消します。スモーキーエレスチャルクォーツと一緒に用いると除霊に効果的です。クリアエレスチャルクォーツはステラゲートウェイチャクラを開いて宇宙の最高次の存在につなげてくれます。この石で星形のグリッドを作るとそこは聖なる空間に変わり、その場所から純粋意識が地球に浸透します。ローズエレスチャルクォーツの光には無条件の愛と内なる変容の波動が満ちています。慈愛に満ちたこの石は遠い昔の失恋の痛みを癒し、否定的な感情と愛することへの恐れを取り除いてくれます。

石に秘められたパワーを利用する

この石を手に持つと、
自分の魂の幅と遍歴を知ることができます。
また、霊性進化を推進するのは、
言葉や行動ではなく、
インナーワークであることに気づきます。

恋愛成就をもたらす

エメラルド

Emerald ［和名：翠玉］

- 対応するチャクラ：第三の目、心臓
- 生理学的関係：眼、副鼻腔、肺、脊柱、筋肉、心臓、膵臓、肝臓、リンパ系、悪性疾患
- 波動：粗い

古来伝わるパワー

17世紀にシェイクスピアが"その鮮やかな緑は目の疲れを癒し視力を回復させる"と言ったエメラルド。1584年、当時のロシアのイワン雷帝は、虹のように輝くこの石は女性の貞節を守ると言いました。

この希少価値の高い宝石には昔からさまざまな伝説があります。古代ヘブライ伝説にはこの石を見た大蛇は目が見えなくなるという話が登場します。また、プリニウスはこの石を虫眼鏡として使うことができると述べ、その鮮やかな緑色に匹敵するものは自然界に存在せず、"薄暗がりや夕闇はもとより、キャンドルの近くでも輝きが失せることはない"と言っています。さらに、セビリャの聖イシドールもこの石は周囲を明るく照らすと言っています。一方、インカ族はエメラルドを緑の地球を象徴する石として崇めていました。1523年、ピサロに幽閉されたインカ帝国最後の国王は453個のエメラルド（1523カラット）をあしらった宝冠を身につけていたといわれます。また、中世では舌の下に入れると神託を告げる幻影が見えると信じられていました。大天使オファニエルに関連づけられるこの石はケルビムの世界を支配するといわれます。

癒しのパワー

古代ギリシャの哲学者・テオフラストスは、エメラルドは視力回復に効果があると言っています。現代のクリスタルヒーリングでも、目の炎症を抑えたり視力を回復させるために用いられるほか、洞察力を高めるために用いられます。古代ペルシアでは職人の酷使した目を癒したり、胃腸や肝臓を癒すために用いられてきた歴史があります。また、古くから癲癇を予防し精神を安定させるために用いられてきたこの石は毒を察知すると汗をかくという言い伝えもあります。さらに、この石を身につけると病後の回復が早まり、肝臓を解毒し、体内に蓄積した毒素をリンパ系を経由して排出するといわれています。

変容のパワー

不死と再生を象徴するエメラルドは霊性進化の道を歩む人にインスピレーションを与え、どんな逆境も乗り越えられる忍耐力を授けてくれます。友情を育み、無条件の愛を注ぐこの石は人間関係や夫婦の愛と絆を深めます。感情、精神、霊性の面でバランスを整え、否定的な力をプラスに転換します。古来、形而上学的能力を目覚めさせるために用いられてきたこの石は、心の視界を広げ霊的世界に目を向けさせます。古代の人々はこの石を用いて未来を見据え、幸せな転生を願ったといわれます（注:日常的に身につけると刺激が強すぎる場合もあるので注意してください）。

石に秘められたパワーを利用する

エメラルドを身につけると
恋愛を成就させることができます。
理想のパートナーが見つかったら
この石をずっとそばに置いておきましょう。
また、この石は昔から
幸せな結婚を約束するといわれます。

多次元への入り口を開く

フリント

Flint ［和名：火打石］

- **対応するチャクラ**：アーススター、基底、仙骨、ソウルスター
- **生理学的関係**：顎、骨格と関節、生殖器、皮膚、細胞組織、イボ、ホクロ、腫瘍、エーテル体、肉体のエネルギー構造
- **波動**：粗い

古来伝わるパワー

古来、珍重されてきたフリントには生命にとって不可欠な火のエッセンスが詰まっています。かすかな火花にふっと息を吹きかけるだけで一瞬にして燃え上がる炎——。古代人の目には魔法の石に映ったに違いありません。15世紀ドイツの神秘主義者であるコルネリウス・アグリッパは発火石フリントを"母なる大地のパワーを具現化した石"と畏敬の念を込めて呼びました。また、この石を槌で割ると命を落とすという言い伝えもあります。一方、この石でできたオブジェを墓の周りに置く習慣は古代から世界中に見られました。オブジェの多くは新品であったことから主に儀式用として用いられていたと考えられます。また、音響効果があり共鳴するこの石は、魂が安全に多次元間を行き来できるよう見守ってくれると信じられていました。この石を用いると霊性に目覚め魂を磨くことができるといわれます。

フリントは古くからグリーンマン、地球の神秘、母なる大地の懐、パワーアニマルと関連づけられてきました。男性性と女性性の調和を保ち、神聖な内なる結婚へ導くといわれます。また、人生の通過儀礼に用いると物事がスムーズに運びます。さらに、アーススター、基底、仙骨のチャクラに当てるとシャーマンのアンカーができます。それは魂を母なる大地と結びつけ、肉体を持って転生したあなたを優しく包み込んで霊的エネルギーを体に定着させます。

癒しのパワー

フリントにはオーラとチャクラを浄化する作用があります。200年ほど前、人々はホメオパシーとしてこの石を希釈したものを慢性の潰瘍や膿瘍、"関節や骨の腺病"の治療薬として処方していました。また、解毒作用と鎮痛作用を持つこの石の細片はエーテル体の手術や焼灼にも使われていました。肉体面よりも感情、心理、エネルギーの面でより大きな癒し効果を発揮するこの石は、エネルギーの詰まりを取り除き、過去世の因縁、成長とともに不要になったチャクラコードを断ちます。また、深い内観へ導き、憂うつな気分を一掃し、自身の隠れた才能に気づかせてくれます。

地球を強力に癒します。ジオパシックストレスが発生している場所やエネルギーが滞っている場所にグリッドを作ると、場のエネルギーが安定し、地球の経絡を流れる氣の流れが回復します。

変容のパワー

物質世界と精神世界の境界に立つフリントは高次の領域から取り込んだエネルギーを肉体へグラウンディングさせます。それにより体の核が安定し細胞に保存された情報が再構築されます。また、成長に役立たないものをすべて切り捨てることで、持ち主を過去の呪縛から解放します。この石の助けを借りれば、魂の断片や失われた記憶を呼び戻すことができます。それによって真我を発見し原初の魂の故郷へ帰ることができるのです（p.138のノヴァキュライトを参照）。

石に秘められたパワーを利用する

この石で自分のオーラを
"櫛でとかすように"してください。
オーラは体から30㎝ほど離れたところにあります。
これによりエネルギーの不調が改善し
自身の波動を上げることができます。

内なる強さを育む

フローライト

Fluorite ［和名：蛍石］

- **対応するチャクラ**：心臓、高次の心臓。すべてのチャクラを浄化し安定させます。
- **生理学的な関係**：骨、歯、細胞、肺、DNA、粘液、呼吸器系、神経系、皮膚、栄養分の吸収
- **波動**：粗い

古来伝わるパワー

　歯と骨を強くするフローライト。歴史があるわりには具体的な特性について未知の部分が多い石です。というのは、古代の貴石誌に記載されている"虹色の""やわらかい感じの緑の縞模様の"石はおそらくフローライトのことだと思われますが、現代では断定できないからです。ブルー・ジョンと呼ばれるフローライトの一種で作られた杯も発見されていますが、これらは古代ローマ時代のものと推定されます。また、フローライトは中世の貴石誌にはフロースパという名でときどき出てきますが、当時はあまり注目されなかったようです。

　著名な宝石学者のG・F・クンツ博士は18世紀初頭のドイツで行われたある科学実験について報告しています。実験の目的はクリスタルが霊能者に与える影響を調査することにありました。実験に参加したのはフリードリケ・ハウフェという霊能者で、当時"プレフォルストの予言者"と呼ばれていた人物です。実験で彼女は異なる種類の石を順番に触っていきましたが、フローライトに触れたとたん全身の筋肉の緊張がほぐれ、"夢遊病"にかかったような感覚にとらわれたといいます。現代では、エネルギー安定化作用をもつこの石は関節の動きをスムーズにし筋肉の痙攣を癒すために用いられます。また、トランス状態を誘発し霊の覚醒を促すともいわれます。

　強い守護力を持つこの石は否定的な力や邪気を退けます。パソコンに置くと電磁スモッグを吸収し、精妙体と肉体のエネルギーの秩序が乱れたときは速やかに回復させます。また、この石には情報処理速度を上げる働きもあります。

癒しのパワー

　天然の抗ウイルス剤、免疫強化物質、抗炎症剤としての作用を持つこの石は肺や骨を中心に体の機能を整えます。現代のクリスタルヒーリングでは、筋肉痛や関節痛を癒し、関節炎の腫れや炎症を和らげるために用いられます。また、胸腺に当てると風邪やインフルエンザ予防にもなり、枕の下に置いて寝ると悪夢や睡眠麻痺を退け、意味のない体外離脱体験を未然に防ぐことができます。

　ブルーフローライトは必要に応じて鎮静作用と活性作用を使い分け、脳の働きを活性化します。オーラの浄化作用を持つグリーンフローライトは余分なエネルギーを取り除き、感情のトラウマを解消してくれます。イエローフローライトは心身を解毒し浄化します。

変容のパワー

　混乱した頭の中を整理し、人生を立て直すのに役立ちます。幻想を打ち砕いて客観的な判断力を養います。

石に秘められたパワーを利用する

精神、肉体、感情の面で
もっと安定した人生を送りたい人は
日常的にこの石を持ち歩くといいでしょう。
内なる強さが身につきます。

多産をもたらす

ファイヤー・アンド・アイス
Fire and Ice
別名：レインボークォーツ
Rainbow Quartz ［和名：虹色水晶］

- **対応するチャクラ**：すべてのチャクラを浄化・調整します。ソーマ、ソウルスター、ステラゲートウェイチャクラを活性化します。
- **生理学的関係**：松果体、下垂体、内分泌系、生殖器、尿器官、精妙体、コーザル体
- **波動**：かなり高い

古来伝わるパワー

　高い知性と波動を持つファイヤー・アンド・アイス。虹色に輝く結晶内部には宇宙の炎を運ぶ光が宿っています。母なる大地とそこに住まう生命に多産と豊穣をもたらすこの石は意識の拡大を助長するパワーを秘めています。

　古代シャーマンの医術に用いられたこの石から魂の変容に必要な要素を直観的に読み取ることができます。この石とワークするときは自尊心を持ち、感情、カルマ、アンセストラルラインを癒すのは自分だという意識と覚悟が必要です。この石は自ら助ける者を助けますが、石にすべてお任せではダメです。一瞬のうちに過去を清算してくれる魔法の杖ではないのです。その代りあなたが一生懸命努力すれば"資質"を徐々に引き出し、魂の変容をサポートしてくれるでしょう。歓喜、再生、復活を象徴するこの石は対極にあるものを結びつけ、存在するものの全領域を統合します。

　アンデス山脈の心臓のチャクラと共鳴します。アンデスは現在、地球のクンダリーニのエネルギーが流れる場所です（p. 168のロードクロサイトを参照）。この石はブッダのダイヤモンドの癒しのエネルギーを有し、癒しの大天使ラファエルとつながっています。また、古代エジプトともつながりを持ち、その時代に権力を乱用したことの報いを今世まで引きずっている場合、問題解決に力を貸してくれます。

癒しのパワー

　肉体面では、松果体と甲状腺に作用し内分泌系と神経伝達物質のエネルギーを強めます。また、生殖器と尿管の機能を向上させ、クンダリーニを活性化し腎臓から体外に不純物を排出します。エーテル体、コーザル体、高次の霊体を癒すこの石は中心溝を開き、ライトボディのクンダリーニを活性化します。

変容のパワー

　この石には純愛の精霊が宿ります。精霊の使命は人間の光と影を残したまま地球と生命の進化を助けることにあります。霊的自己実現に大いに役立つこの石は、引き寄せの法則と強く共鳴しています。また、新たな人生と大きな成長をもたらし、魂の目的を明らかにすることで進むべき道を示します。高次の領域とつながるこの石は第三の目を開き未来を見通す力を与えます。それによって今の世界とは異なる瞬時性、無限の可能性、存在の総体の美しさに気づくことができるのです。さらに、この石にはほかのクォーツの波動を引き上げる働きもあります（注：ファイヤー・アンド・アイスはブラジルのある鉱山だけで産出されます。原石には強いエネルギーが自然に保たれていますが、最近よく見かけるヒビを入れたクラックルドクォーツとは異なります）。

石に秘められたパワーを利用する

毎日、太陽の光が当たる場所に置いて
パワーを充電しましょう。
夕方になったら、太陽光線がこの石を通り抜けて
母なる大地の心臓に届く様子を
想像してみてください。

貞節を尊ぶ

ガーネット
Garnet ［和名：ざくろ石］

- **対応するチャクラ**：基底、仙骨、心臓
- **生理学的関係**：下垂体、代謝、心臓、循環器、肺、肝臓、脊柱、細胞、DNA、生体磁場、ミネラルの吸収
- **波動**：粗いものから高いものまで、種類によります。

古来伝わるパワー

　ガーネットという名前は小粒を意味するラテン語の*granum*に由来します。しかし、1885年にはなんと重さ4.5kg、長さ15cmもあるガーネットがニューヨークのメーシーズ百貨店近くの工事現場から発掘されています。いろんな色と形を持つこの石にはさまざまな顔があります。

　魔法の石といわれるガーネットの歴史は古代に遡ります。ユダヤ教の律法集タルムードにはノアの方舟を照らしたのは1個のガーネットであったと記録されています。また、古代では蛇は額の中に埋め込まれたこの石によって導かれていると信じられていました。さらに、十字軍の兵士は遠征の際にお守りとして身につけたといわれます。インドでは真っ赤なガーネットは殺傷力が強いため弾丸として用いられてきました。

　昔は夢にガーネットが出てくると縁起が良いとされていましたが、これはこの石が富貴をもたらすと信じられていたからです。しかしその一方で、浪費をいましめ堅実な生活を約束するとも考えられていました。ビクトリア時代の未亡人は貞節を象徴するこの石を身につけて亡き夫への変らぬ愛を示したといわれます。さらに、それより数世紀前からこの石を死者とともに埋葬する習慣があったようです。現代の宝石用語では忠誠、変わらぬ愛、気品を暗示し、勝利をもたらす石とされています。また、大天使ザドキエル、ミカエルに関連づけられるこの石は座天使とつながっています。

癒しのパワー

　中世、優れた治癒力と守護力を持つこの石は解毒剤や解熱剤として使用され、うつ病の治療にも用いられていました。共感マジックでは、赤いガーネットには抗炎症作用があり、黄色いガーネットは黄疸の特効薬とされていました。また、ガーネットを浸けた水を飲用すると消化を助けるといわれていました。現代のクリスタルヒーリングでは、心臓の病を癒し、体力を回復させるために用いられます。また、新陳代謝を促し必須の栄養素の吸収を助けます。さらに、ほかの石の力を強める作用もあり、この石でグリッドを作るとその石のエネルギーを再生することができます。

変容のパワー

　この石を身につけるとパートナーへの貞節を守り自分に正直に生きることができます。古代、磨いて丸くなった赤いガーネットはカーバンクルと呼ばれ、心の奥底にある否定的な感情を取り除いてくれるといわれていました。この石の助けを借りれば、心の痛み、恨み、不調などを取り除き、幸せを手にすることができるといわれます。また、自分で自分の成長を邪魔していることや知らず知らずのうちに変化を拒んでいるという現実に気づかせ、自己主張する勇気と自己変革に必要なスタミナを与えてくれます。この石の助けを借りれば、魂の目的に沿った人生を歩んでいくことができます（注：ルビーのエネルギーは刺激が強すぎる人にはガーネットがおすすめです）。

石に秘められたパワーを利用する

目標達成に赤信号が灯ったとき、
ガーネットを身につけてください。
希望の光を示し、
逆境をはね返して成功する力を
与えてくれるでしょう。

常磁性共鳴の石

グラナイト

Granite ［和名：花崗岩］

- **対応するチャクラ**：ソーマ、過去世、アーススター、基底、仙骨
- **生理学的な関係**：骨、カルシウムとミネラルの吸収、体の電気系統
- **波動**：粗い

古来伝わるパワー

　古代エジプト人が粉末にして網膜白斑の治療に用いたグラナイト。目を刺激するので一見逆効果のようですが、"似たものが似たものを癒す"という原理に沿った治療法だったようです。表面にきらきら光る小さな結晶の斑点は、この石に多く含まれるクォーツやフェルドスパーの結晶です。しかし、この石の魔法の力はこれにとどまりません。グラナイトでできた環状列石（ストーンサークル）の内側では周囲よりも高い放射線量が観測されています。これは強力な磁流が発生している証拠です。良質の花崗岩の産地として有名なエジプトのアスワンで採掘される石は最高の常磁性共鳴を有し、太陽神ラーの力を借りて周辺の磁流を調和させるといわれてきました（米国テキサス州やインドで産出されるグラナイトにも同様の作用がありますが、まだ活性化されていないようです）。一方、米国ジョージア州の小高い丘には"ジョージア・ガイドストーン"と呼ばれる花崗岩のモニュメントが建っています。天体の動きにあわせて建てられたこのモニュメントには"理性の時代"を導く力があるといわれています。

　グラナイトは音を伝える性質があります。リソフォンと呼ばれる石製のチャイムを最初に目にした古代人は叩くと音色を奏でるこの石に驚いたに違いありません。こうしたチャイムは極東の寺院で儀式用として現在も用いられています。英国やほかの国々でも、自然の姿をとどめたリソフォンはシャーマンが母なる大地を癒す儀式で用いられていました。

　古来、多くの文化では岩石は多次元をつなぐ細胞膜とみなされてきました。精霊やシャーマンは岩の割れ目から多次元へ移動すると信じられていたのです。グラナイトで作ったグリッドは聖なる変容の儀式に適した空間を創造します。アスワン産のこの石を持って瞑想すると修道院での過去世や古代の叡智と再びつながることができます。

癒しのパワー

　この石は古くから骨軟化症、リューマチ、不妊治療などに用いられてきました。人体のエネルギー場を安定させるこの石は精妙体と肉体を調和させ細胞に電気刺激を与えて免疫力を高めます。また、波動共鳴によって氣の流れをよくする働きもあります。さらに、この石でグリッドを作ると、地球のエネルギーラインに溜まった有害物を除去し、地球の磁性マトリックスにエネルギーを充電することができます。

変容のパワー

　エジプト学者のロバート・ボーバルは"星が意識を持つようになり"人類が誕生したと主張しました。彼がその根拠としたのが私たちの体内にある鉱物や元素の起源は宇宙にあるという点です。古代エジプト人はグラナイトには人間のエネルギー場を高次のエネルギーと共鳴させる作用があることを知っていました。また、満天に輝く星に人類の起源を見出そうとした彼らは、グラナイトを使って神々の力を地球に引き寄せ、古代エジプトの王が星へ旅に出られるよう願ったのです。

石に秘められたパワーを利用する

ベッドの四隅——床の上——に
グラナイトを1個ずつ置くと
全身に活力がみなぎります。

魂を純化する

ハンクサイト
Hanksite

- **対応するチャクラ**：アーススター、ソーマ、過去世。すべてのチャクラを浄化し、働きを調整します。
- **生理学的関係**：リンパ系、排泄と解毒作用
- **波動**：粗い

古来伝わるパワー

　有害なエネルギーを除去し過去を浄化するハンクサイト。米国カリフォルニア州のぬかるんだ湖底で産出されるこの石は、前世のカルマという"ぬかるみ"からすくい取られるのを待つ魂を象徴しています。この石の助けを借りれば、薄皮を1枚ずつはがすように自分の過去世を明らかにし、カルマを癒して真我を発見することができます。内包されているハライトは浄化作用に優れ、霊的洞察力を活性化します。日頃からハライトもしくはハンクサイトを持って体の周りをさっと掃くようにすると、オーラを清浄に保ち邪気を退けることができます。

　この石は古代レムリア文明とつながり、今まで誰も知らなかった情報を開示してくれます。ただし、手に入れた情報は個人ではなく人類全体のために利用するよう強く促します。また、人類による地球環境汚染の実態を明らかにし、環境を汚すことは自分自身を汚すことにほかならないことに気づかせます。さらに、過去に権力闘争にかかわっていた人がこの石を用いると、今後はそうした争いから身を引き、すべての人を赦す気持ちを持てるようになります。また、有害物質がある場所にこの石でグリッドを作ると環境を浄化することができます。

癒しのパワー

　解毒作用を発揮して体液鬱滞を改善します。また、リンパ系のエネルギーを浄化し細胞記憶を活性化します。胸に当てると、粘膜の炎症による呼吸器の感染症や呼吸困難を癒すことができます。

　即効性のあるデトックス効果を期待する場合は、この石でダビデの星を作って真ん中にスモーキーエレスチャルクォーツを1個置いてください。そして星の中にヒーリング用のソファを置きその下にハンクサイトを1個置きます。ただし、カタルシス効果が現れたときはほかの石が必要になるので、デトックスのワークはクリスタルヒーリングの有資格者の指導のもとで行うのがベストです。

　ハンクサイトはレムリアンシードクリスタルや高い波動を持つ石との相性が抜群です。ヒーリング目的で作ったグリッドには場のエネルギーを安定させる働きがあります。特にハンクサイトはグリッドの最下部に置くと否定的な力を払いのけるのに有効です。この石を使うときは使用中も頻繁に洗浄するようにしてください。内包するハライト同様、手入れを怠って放置しておくと分解してしまうおそれがあるからです。もし分解したときは地中に埋めるか川や海に流すと環境浄化に役立ちます。

変容のパワー

　過去世からずっと自滅的感情にとらわれてきた人や感情を抑えてきた人がこの石を用いると、鬱積した感情を赦しと再生のエネルギーに変えることができます。また、過去世や異次元に置き去りにしてきた魂の断片を呼び戻して再統合し、浄化するのに役立ちます。魂の再生のみならず地球の再生も助けるこの石を用いれば、過去の教訓を生かして現在の諸問題を解決することができます。

石に秘められたパワーを利用する

保存用のオイルを塗っていないハンクサイトを
お風呂に入れるかシャワーにかざして浴びると
オーラを浄化することができます。

ポジティブな生き方をサポートする

ヒーラーズゴールド™
Healer's Gold™

- **対応するチャクラ**：アーススター、基底、仙骨、高次の心臓、過去世
- **生理学的な関係**：細胞構造、経絡、免疫系、身体の活力、血液、骨、DNA、消化管、循環器系、呼吸器系
- **波動**：粗いものから高いものまであります。

古来伝わるパワー

ヒーラーズゴールドはアイアンパイライトとマグネタイトの混合石です。強力なシナジー効果を発揮するこの2つの石は火星の影響を受け、物事の進展を早める性質があります。ヒーラーズゴールドの波動は問題の核心を明らかにし、解決策を示します。

マグネタイトはプラス・マイナス両極の強いエネルギーを持つので、磁気療法や地球の癒しに効果的です。一方、アイアンパイライトには精妙体を害悪から守護する働きがあります。この2つの石はオーラ体からエネルギーが漏れるのを防ぎ、高波動のエネルギーを肉体と地球にグラウンディングさせます。

ヒーラーズゴールドはヒーリング中にエネルギーが低下したヒーラーを助けます。エネルギーが低下するということは、ヒーラー自身が自分のエネルギーを消費しているか、クライアントからマイナスの氣を受けていることを意味します。ワークするときは、自分はクライアントに宇宙の癒しのエネルギーを伝えることに専念し、否定的なエネルギーは石に吸い取ってもらうのがベストです。

また、この石は電磁気的汚染や否定的な力を払いのけます。さらに、鉄分を含むので悪意から身を守るのにも有効です。否定的な力や邪気はマグネタイトとパイライトのシナジー効果によってブロックされ、送った側に送り返されます。それによって送った側は自分が悪いことをしたことに気づくのです。また、憑依を退ける働きもあります。

癒しのパワー

ヒーラーとクライアントの氣の流れを整えます。免疫疾患の治療に最適とされるこの石は必要に応じて鎮静作用と刺激作用を使い分けながら免疫機能を正常に保ちます。特に体が患部を性急に癒そうとすると炎症や発熱が起きる場合がありますが、そのような場合はただちに免疫機能を回復させます。また、この石は慢性疾患からの回復を早め、病後の体力回復をサポートします。さらに、経絡の詰まりを取り除いて氣の流れをよくし体の調子を整えます。スポーツ中にケガをしたときは患部をこの石で撫でると血行がよくなり、痛みがひいて筋肉の緊張が和らぎ、腱や骨の状態が安定します。

変容のパワー

否定的なエネルギーを排除したり、閉塞を打破するパワーは、アイアンパイライトやマグネタイト単独よりもヒーラーズゴールドのほうがはるかに上です。病状がいっこうに改善しないときや逆境から抜け出せないときは心が折れそうになるものです。そんなときは自信と勇気を与えてくれるこの石がおすすめです。また、過去に虐待を受けた人が自分の存在価値に気づき、力強く人生を歩んでいけるようサポートします。エネルギーの性質という点ではレムリアンジェイドはヒーラーズゴールドと似ています。

石に秘められたパワーを利用する

この石を身につけると
磁気シールドが形成され
否定的な力や邪気を
払いのけることができます。

人を惹きつける魅力をアップさせる

ヘマタイト

Hematite ［和名：赤鉄鉱］

- **対応するチャクラ**：アーススター、基底、過去世、宝冠
- **生理学的関係**：ヘモグロビン、赤血球、循環器系、鉄分の吸収、肝臓、三焦経、体温調節機能、腎臓、血液の多い臓器
- **波動**：粗い。スペキュラライト（スペキュラーヘマタイト）とルチルを伴うヘマタイトはより高い波動を持ちます。

古来伝わるパワー

ギリシャ神話に登場する農耕の神クロノスが父ウーラノスをあやめたときに誕生したと伝わるヘマタイト。この故事は新しいものを作るためには古いものを壊さなければならないという自然の摂理を物語っています。ヘマタイトは砕いたり加熱すると血を流したように赤く染まることから"血石"とも呼ばれます。また、磨くと磁気を帯びた赤い石が銀色に光り、引力と反発力という正反対の極性を持ちます。

アレクサンダー大王の生涯を描いた伝説集『アレクサンダー・ロマンス』には、魔術師のネクタネボがクリスタルを用いて出生占星図を作成し、アレクサンダー大王の誕生を予言したと記されています。その中でヘマタイトは火星を象徴していました。ところがネクタネボは自らは太陽神アメン・ラーの生まれ変わりで女王を懐妊させた（つまり自分はアレクサンダーの父である）と偽ったため、いつしかヘマタイトには人を欺く石という不名誉な評判が立ってしまったのです。

プリニウスの記録によると古代メソポタミアでは眼病や肝臓病に効くと信じられていたようです。また、護符として身につけると、裁判で勝利できるとされていました。さらに、プリニウスは、古代バビロニアの戦士は戦勝祈願としてこの石をすりつぶして全身に塗ったと伝えています。これはヘマタイトが軍神マールスと強く関連づけられていたことからも容易に想像できます。

癒しのパワー

古代メソポタミア人はヘマタイトに血液を冷やす作用があることに注目し、さまざまな病気を癒しました。3500年前に書かれた古代エジプトの医学パピルス『エーベルス・パピルス』はヘマタイトを止血剤や抗炎症剤として用いるようすすめています。当時は粉末状にして蜂蜜や精油と混ぜたものを胃腸薬として処方していました。また、イスラム世界の知識人アル・ビルニは全身や顔が麻痺したときに使用するようすすめました。現代のクリスタルヒーリングでは、貧血、出血、循環器系疾患など、血液に関する不調を癒すために用いられます。さらに、体の熱を吸収するので炎症や関節炎にも有効とされるほか、陰陽のバランスを整える働きもあります。

戦争や流血に関係する過去世の傷を癒すこのパワフルな石は、精神的渇望や強い欲求不満が原因による中毒症状を克服します。霊的なワークや多次元の旅を終えた後、魂を肉体にグラウンディングさせることができます。

変容のパワー

精神的な弱さや臆病さに打ち勝ち、自信を取り戻すのに役立ちます。この石を身につけると眠れる才能が目を覚まし、人を惹きつける魅力がアップします。

石に秘められたパワーを利用する

ヘマタイトを1個ポケットに忍ばせておきましょう。
電磁スモッグ、ジオパシックストレス、
心身のストレスから身を守ってくれます。

精神・体・霊性のバランスを保つ

ハーキマーダイヤモンド
Herkimer Diamond

- **対応するチャクラ**：全部
- **生理学的関係**：代謝、解毒作用、神経経路、細胞構造、DNA
- **波動**：高いものからきわめて高い波動のものまであります。

古来伝わるパワー

　ハーキマーダイヤモンドはクォーツの一種です。内包するタール、炭素、または鉱物のインクルージョンがこの石の神秘的な特性を一層強めています。最古のクォーツの一つに数えられ、数億年前の海底でじっくり生成された結晶には悠久の叡智が宿っています。母岩内部で結晶が粒状に成長したこの石は両サイドにポイント（先端）を持ちます。この2つのポイントは古い習慣を捨て、魂の断片を統合するのに役立つといわれます。

　精神、体、霊性、多次元、意識を統合するこの石はいわば多次元を縦断する情報ハイウェイとしての役割を担っています。変容と浄化を促進し、電磁スモッグや地磁気汚染から身を守ります。環境汚染が進んだ地域にグリッドすると、環境を清浄に保つことができます。

癒しのパワー

　グリッドにしたりチャクラに当てると負のエネルギーを解毒します。また、寝室のベッドの周りにグリッドを作ると環境的な要因による不眠症を解消することができます。さらに、体内に必要なエネルギーを取り入れて新しい神経経路を作り、細胞が必要な情報をダウンロードできるようにします。それによりエーテル体のDNAを再構築し代謝機能を高次の波動に同調させます。スモーキーハーキマーダイヤモンドは効果的に環境を浄化し、場のエネルギーを安定させます。油性の気泡を内包するゴールデンエンハイドロハーキマーは深いレベルで心を癒します。すべてのハーキマーダイヤモンドには水を癒しの万能薬に変える力があります。ハーキマーダイヤモンドとのワークを経験豊かなセラピストの指導の下で行えば、魂を深いレベルで癒すことができます。

変容のパワー

　ライトボディや存在の総体とつながる新しい神経経路を体内に作り、あなたの霊的な潜在能力を引き出します。そしてより高次の現実に同調させることで霊的成長を促し、精神・体・霊性を完全にバランスのとれた状態に導きます。

　アメジストハーキマーは希少ですがきわめて高い波動を持ちます。もともと一つだった魂のうち、転生した部分とほかの次元にとどまっている部分を統合します。また、多次元を旅する魂を守護し最高次の存在とつなげてくれます。イエロー（シトリン）ハーキマーは過去世に起因する貧困意識を繁栄意識に変えて、豊かさを引き寄せます。一方、ブーランジェライトが入ったブルーハーキマーは霊的視覚を授けます。美しく希少なこの石を用いれば、心の内側を探求し魂の知と再びつながることができます（ハーキマーダイヤモンドとシュンガイトとの組み合わせは環境を癒すのにきわめて効果的です）。

石に秘められたパワーを利用する

第三の目にこの石を当てると、
テレパシーの能力と霊的視覚に目覚めます。
さらに、魂を導く最高次の存在と
同調することができます。

カルマの解消を助ける

アイドクレース
Idocrase

別名：ベスビアナイト
Vesuvianite ［和名：ベスブ石］

- **対応するチャクラ**：第三の目、心臓
- **生理学的関係**：歯、骨、嗅覚、栄養素の吸収
- **波動**：粗いものから高い波動まであります。

古来伝わるパワー

　アイドクレースはイタリアのベスビオ火山で最初に発見されたため、別名ベスビアナイトと呼ばれます。この石は心の底から自分がやりたいことに打ち込めるよう応援してくれます。

　カルマの負債を清算するときは必ずしも相手に直接償う必要はありません。魂が自ら進んで善行を尽くせば、負債を減らすことができるのです。すなわち善行を尽くし仲間（同胞）全体の霊性向上を助けることがカルマの軽減につながるのです。カルマの苦しみからすべてを学び終えたとき、この石はカルマを穏やかに解消してくれます。また、相手を赦すことでカルマの輪から抜け出すことができます。さらに、カルマの必然性や魂の選択が招いた現状をあるがままに受け容れられるよう助けます。それに加えて、虐待、トラウマ、疎外感といった経験を通じて慈愛や共感を学んでいる人たちを助けたいという気持ちにさせます。

　過去世で受けた心の傷を癒すのに効果的です。その原因が外的要因、罪悪感、あるいはあなた自身の思い込みにある場合は特に有効です。魂を過去の呪縛から解放し新たな道を歩ませてくれます。また、この石を用いると不安や迷いを断ち切り、自分の信念を堂々と主張できるようになります。さらに、怒りや罪悪感などを徐々に解消することで、体内の核のエネルギーを安定させます。この石は大天使ザドキエルに関連づけられます。

癒しのパワー

　この石に含まれるカルシウムとマグネシウムは骨や歯のエナメル質を強化します。また、栄養分とビタミンの吸収を助け、この石を浸けた水の匂いを嗅ぐと嗅覚が回復するといわれます。

変容のパワー

　この石を用いると高次の自己から、転生した魂に必要な情報が伝えられるようになります。独断的な判断を戒め、旧態依然とした思考から脱却させることで、宇宙の叡智に意識を向けさせるのです。また、人から吹き込まれたことを頭の外に追いやるのに役立ちます。さらに、口先だけ他人の意見に同調してしまう癖があるために、貴重な学びの機会を逸してきた人にもおすすめです。

　この石を用いると多次元世界についてもっと知りたいという強い衝動にかられます。また、権力欲や成功欲を捨て、意識を内なる成長へ向けて自分の意志を高次の自己と同調させることができます。高次の自己はあなたの魂がなぜこの時代に転生したのかを知っています。カルマを否定的に捉えるのをやめたとき、カルマの法則には公平性があり、経験することのすべてに意味があることに気づくのです。

石に秘められたパワーを利用する

この石と瞑想すると、
不要になった魂の義務を解消し、
カルマの法則は誰にでも公平に
作用していることに気づくことができます。

洞察力を高める

アイオライト

Iolite ［和名：菫青石（きんせいせき）］

- **対応するチャクラ**：第三の目、ソーマ。すべてのチャクラの働きを調整します。
- **生理学的関係**：動脈、肝臓、下垂体、解毒作用、排泄作用、呼吸器系。
- **波動**：高い

古来伝わるパワー

　アイオライト（Iolite）の語源は、ギリシャ語の"ios（スミレ色）"。サファイアにも似ていることから"ウォーターサファイア"とも呼ばれます。光が当たる角度によって3色に見えるこの石には未来を見通す力と内なる知識が宿っています。第三の目やソーマチャクラに当てると、透視力やテレパシーの能力が高まります。視覚化の能力を高めることで持ち主を多次元や過去世・来世へ導くのです。

　この石には洞察力のパワーが宿り、魂の知識が3次元の立体映像で保存されています。知覚と洞察力は異なる次元で作用します。私たちの意識は普段は体の外側に向き、身の回りの出来事を認識します。言い換えれば、私たちは論理的思考をしているのです。しかし、実際は私たちの行動はたいてい直観的思考に基づいています。そしてこの直観的行動が正しいか否かを判断するのが脳幹です。行動の善悪を判断する思考プロセスと関係する神経プログラミングの中には闘争・逃走反応などがあります。

　この世の現実は3次元で捉えられます。どのような錯覚や誤解が生じるかは私たちの脳に書き込まれた条件づけや頭に焼きついたイメージによって決まります。一方、この石は形而上学的知覚と直感力を高めます。この2つを通して世界を見ると、意志と知覚が調和し、物質世界と精神世界を今までよりも広い視野でとらえることができるようになるのです。

　アイオライトはその昔バイキングが航海に羅針盤として用いたといわれますが、現代でも霊性進化へ導く羅針盤として有効です。また、この石は神の意志を伝える大天使ガブリエルと天使軍の総司令ミカエルに関連づけられます。

癒しのパワー

　この石の成分であるマグネシウムと鉄が織りなすホメオパシー効果によって、精妙体と肉体の健康を維持することができます。強い電荷を帯びるこの石はオーラを活性化し、毒素を体外に排出し、バクテリアの繁殖を防ぎ、動脈に溜まったコレステロールを分解します。また、下垂体を刺激して代謝機能を調節する働きもあります。現代のクリスタルヒーリングでは副鼻腔や呼吸器系、発熱やマラリアの症状を改善するために用いられます。さらに、経絡の陰陽のバランスを整え体調を万全にする働きもあります。

変容のパワー

　自分の行動に責任を持つよう促すこの石は、共依存の関係から抜け出せない人におすすめです。また、中毒や依存症の背景にある原因を突き止める力を与えるこの石は、周りの期待に押し潰されることなく、自分らしさを発揮できるよう助けます。この石の力を借りれば内なる視覚を用いて自分の心の奥底を知ることができます。

石に秘められたパワーを利用する

第三の目に当てて瞑想すると、
存在の総体と直接つながり
ホログラフィックな宇宙意識に
アクセスできます。

魂の浄化を助ける

ジェイド

Jade ［和名：翡翠］

- **対応するチャクラ**：ソーマ、第三の目、太陽神経叢、心臓。色によって異なります。
- **生理学的関係**：腎臓、副腎、脾臓、股関節部、骨格系、ろ過作用、体液バランス
- **波動**：粗いものから高いものまで、色によって異なります。

古来伝わるパワー

　中国では仁・義・礼・智・信の五徳が備わる高貴な石として尊ばれるジェイドは、富・長寿・健康・自然死・美徳をもたらすといわれます。古くからこの石を社会的地位の高かった死者とともに埋葬する習慣がありました。これは遺体の腐敗を遅らせるために始まったといわれますが、実際には儀式的な意味合いが強かったようです。というのは、この石には魂を純化・活性化する力があると考えられていたからです。一方、ニュージーランドのマオリ族は古くからこの石を"グリーンストーン"と呼び、長寿と多産をもたらす護符として身につけていました。

　アステカ族は癒しのパワーを持つ霊石として崇めてきました。ジェイドの語源はスペイン語の *piedra de hijada*（"腰の石"の意味）で、スペイン人がアステカ王国を滅ぼした後、メキシコからこの石を持ち帰った際にジェイドと命名したのが由来だといわれます。南米の部族民の間ではこの石は腎臓病に効くと信じられていたようです。英国の探検家・ウォルター・ローリーは旅先でこの石に出合い、脾臓や胆のうを守る石として珍重したといいます。

　古代、この石は風、雨、雪、霧など天候を支配するパワーを持つといわれていました。また、イスラム教徒には"ケガや不快感"を追い払うお守りとして身につける習慣がありました。

　静けさの中で得た叡智を象徴するこの石は、瞑想するときに用いるとストレス解消に役立ちます。額に当てるか枕の下に置いて眠ると夢の中で洞察を得ることができ、夢の本当の意味を知ることができます。また、幸運と守護を象徴する石でもあります。

癒しのパワー

　古代中国では浄化作用を持つ万能薬として珍重されていました。粉末にして水で溶いたものを服用すると長生きし、疲労や膿が溜まるのを予防するといわれていました。また、古くから喘息や血液の病気の治療に用いられてきましたが、これは現在でも同じです。一方、中世ヨーロッパでは、安産を助け、動悸息切れや水症を緩和する石とされていました。現代のクリスタルヒーリングでは、腎臓や副腎から毒素を排出し、細胞のエネルギーを再構築するために用いられます。また、筋肉の緊張を和らげ、切り傷や擦り傷に当てると治りが早くなります。

変容のパワー

　ジェイドはこの世に転生したあなたの魂が純粋さを取り戻すことができるよう見守ります。ブルージェイドは日々の生活に追われている人に心の休息をもたらします。ブラウンジェイドは生命を育む母なる大地のエネルギーとつながっています。デリケートなラベンダージェイドは心の深い傷を癒し、自分自身や他者との関係を高い次元で築くことができるよう導きます。イエロージェイドは穏やかにエネルギーを放射し、オレンジとレッドは旺盛な活力を与え、人生への情熱をかきたてます。ホワイトジェイドは究極の純粋さを象徴します。

石に秘められたパワーを利用する

毎日1回、2〜3分間
ジェイドを太陽神経叢に当てると、
精神と情緒が安定し、
周囲との調和を保つことができます。

体に元気を与える

ジャスパー

Jasper ［和名：碧玉］

- **対応するチャクラ**：アーススター、基底、仙骨、太陽神経叢、喉。すべてのチャクラの働きを調整します。
- **生理学的関係**：循環器系、消化器系、性的能力、生殖器、肝臓、ミネラルの吸収
- **波動**：粗い

古来伝わるパワー

　メソポタミアの創世神話では、古代バビロニアの主神マルドゥックが地球の上に3つの"天界"を創ったとき、そのうちの一つをジャスパーで創り、表面に星座を描いたとされています。紀元前350年頃、ギリシャの詩人・ポセイディッポスはジャスパーを"天空から舞い降りた石"と呼びました。

　一方、古代エジプトでは女神イシスの生理の血と関連づけられていました。妊婦を助け、出産後に母乳の出をよくすると考えられていたようです。また、古代の貴石誌には病気を退け、体を元気にする力があると記されています。お守りとして身につけると、水難事故を逃れ、毒グモやサソリを追い払うと信じられていました。さらに、悲しみを癒し、干ばつの被害を抑えるといわれていました。4世紀の宝石賛歌『リティカ』には、"光沢のある萌黄色のジャスパーを身につけると、大地は潤沢な雨で潤される"と記されています。

　ジャスパーは養育、勇気、叡智の象徴です。キプロスのサラミス司教・エピファニオスの貴石誌には、グリーンジャスパーには邪悪な空想を払いのける力があると記されています。また、15世紀のドイツの高等魔術では"不愉快な空想"や"不健全な空想"を追い払うと石として珍重されていました。これは現代でいうところの偏執性妄想や憑依に対する効力に言及したものです。現代では、悪夢や邪気を払いのける石とされています。

　ジャスパーは大天使ハニエルとサンダルフォンに関係づけられ、権天使を支配します。

癒しのパワー

　胃、肺、胸の不調を改善します。ルネッサンス期ドイツの魔術師・コルネリウス・アグリッパと11世紀のイスラム世界を代表する知識人で鉱物辞典『宝石の書』の著者アル・ビルニによると、この石は安産を願う妊婦に最適の石です。1587年オランダのある貴石誌はこの石の止血作用と脈拍を正常に整える作用について報告しています。また、この石を用いると子宝に恵まれ、創造性が高まり、インポテンツが治ると当時からいわれていたようです。

　日常的に身につけるとストレスが和らぎ、心が鎮まります。ブラウンジャスパーとピクチャージャスパーにはカルマを解消し、体内の毒素を排出し、免疫力を高める働きがあります。また、イエロージャスパーは否定的な感情を取り除き、消化を促進します。

変容のパワー

　何かトラブルが起きたときに誠実に対応できる力と勇気を与えてくれます。また、これまで自己中心的に生きてきた人がこの石を持つと、周囲との和を大切にするようになります。

　グリーンジャスパーは強迫観念を取り除き、心身の調和を取り戻します。パープルジャスパーはさまざまな矛盾を解消し、イエロージャスパーは体外離脱の際に魂を守護します。また、ブレシエイテッドジャスパーを携帯すると、地に足の着いた考え方ができるようになり、魂の器である肉体に、自身の意識を根づかせることができます。レインフォレストジャスパーを持って瞑想すると自然を大切にするようになります。また、この石には霊性進化の途上で道に迷ってしまった人を再び真実の道へ連れ戻す力があります（p.158のポピージャスパーを参照）。

石に秘められたパワーを利用する

基底のチャクラに当てると体調が安定し
体に活力がみなぎります。
すべてのチャクラに順番に当てていくと、
チャクラに集まるエネルギーが浄化・強化され、
エネルギーのバランスが整います。

愛する能力を高める

クンツァイト
Kunzite

別名：スポデューメン
Spodumene

- **対応するチャクラ**：心臓、高次の心臓（胸腺）、ハートシード、喉、第三の目
- **生理学的関係**：脳内の化学成分、循環器系と心臓、胸腺、免疫系、エーテル体
- **波動**：高い

古来伝わるパワー

　20世紀の初め、この淡いピンク色の石は発見者である米国の宝石学者・G・Fクンツ博士の名前を取ってクンツァイトと名づけられました。また、クンツァイトよりも以前にノースカロライナ州で発見された緑色の石は発見者である鉱物学者のW・E・ヒデンの名前をとってヒデナイトと命名されました。この石には吸収した光を暗闇で放つ特性があります。クンツ博士によると、成分である微量のマンガンとウラン塩が紫外スペクトルを吸収することによってこうした現象が起こるそうです。クンツァイトのように二色性の石は光が当たる角度によって別の色に見えることがあるのです。

　この石の成分の一つであるリチウムは、古くから双極性うつ病を改善するために用いられてきましたが、リチウムの取扱いには注意が必要です。過度の摂取は中毒症状を引き起こし、脳の機能を低下させるおそれがあるからです。現代のクリスタルヒーリングでは、精神疾患、精神的ストレス、うつ病を癒すために用いられます。この石あるいはこの石を浸けた水は成分である微量のリチウムやアルミニウムの波動を相手に伝えます。また、遠隔ヒーリングの際、遠方にいるクライアントに代わって癒しの波動を受け取ります。さらに、オーラ体を浄化し、害悪から守護する働きがあります。

　この石は心臓と心臓のチャクラに共鳴します。ハートシードチャクラに当てると、内なる神殿の扉が開きます。また、人間の本質は魂であることを思い出させ、今世の目的を明らかにしてくれます。高次の心臓のチャクラに当てると、心臓、喉、第三の目のチャクラが連携し、素直に自己表現できるようになります。

癒しのパワー

　現代のクリスタルヒーリングでは、主に心の病を癒すために用いられます。チャクラに当てたり、体の周りにグリッドを作ることが多いようですが、この石を浸けた水を用いることもあります。また、ポケットに入れて持ち歩いたり、太陽神経叢に当てたり、ネックレスとして身につけるとパニック発作や慢性不安が和らぎます。さらに、心臓のチャクラに当てると心の痛みが和らぎ、循環器の働きが良くなります。また、胸腺に当てると免疫力が高まり、麻酔の後に用いると麻酔の波動をエーテル体から除去することができます。

変容のパワー

　愛する能力を高め、同胞のために献身的に尽くす人を支えます。ライラッククンツァイトは天上界への玄関口となります。一方、ヒデナイトを身につけると高次の意識から知識や情報が転送されてきます。また、この石はいつも強がりを言っている人に、人からの援助を素直に受け入れるよう促します。クンツァイトはどの色も心、精神、魂に平穏をもたらします。

石に秘められたパワーを利用する

自分自身との葛藤や他人との争いを
解決するには、この石を手に持って
クンツァイトの穏やかなエネルギーが
体を包み込む様子をイメージしてください。
きっといい解決策が見つかります。

霊的視覚を発達させる

ラブラドライト

Labradorite ［和名：曹灰長石（そうかいちょうせき）］

- **対応するチャクラ:** 高次の心臓、喉、第三の目、ソーマ。すべてのチャクラを浄化・調整・守護します。
- **生理学的関係:** 眼、脳、神経伝達物質、脾臓、胃、肝臓、副腎、胆のう、血圧、代謝系、ホルモン系
- **波動:** 高いものからきわめて高いものまであります。

古来伝わるパワー

並外れた霊力が宿るラブラドライト。肉体に働きかけ、意識拡大の準備を整えます。ライトボディを肉体につなぎ留めるこの石は、宇宙の最高次のエネルギーに接続し、霊的視覚を開花させます。また、精神世界と物質世界のインターフェースとなるこの石は、形而上学的能力を高めるワークに最適です。この石を用いると遠くから別のエネルギー場の様子をつぶさに観察することができます。さらに、他者からの投影をはねのけ、オーラ体に付着した霊的な垢（あか）を落とし、エネルギーの吸血鬼を追い払います。

この石に宿る直観的叡智は"分析と合理性"と"内なる知と鋭敏な洞察力"のバランスを保つのに有効です。問題の核心に斬り込み、これまで目を背けてきた問題を解決に導きます（ただし、解決するにはほかの石の助けが必要になる場合もあります）。また、過去世であなたがサイキックであったがゆえに味わった恐怖を潜在意識から取り除いてくれます。

癒しのパワー

第三の目に当てると、超能力がブロックされているために生じた眼病や片頭痛が治ります。肉体レベルでは、この石を後頭部のへこみに当てると、代謝機能とホルモンバランスが整い、月経前症候群が改善します。現代のクリスタルヒーリングでは、リューマチや痛風の治療に用いられます。また、高次の心臓のチャクラの辺りに身につけると風邪の予防になり、血圧を下げることができます。さらに、遠隔でラジオニクス――生体エネルギーや波動を操作する機器を用いて行う療法――を行うときにも役立ちます。

変容のパワー

持ち主が歩むべき霊性進化の道を照らし出し、生まれてきた目的を思い出させます。また、自分の魂のうちすでに転生を終えた魂から導きが得られるよう取り計らいます。

ゴールデン・イエローラブラドライト（バイトウナイト）は第三の目を活性化して持ち主を最高次の意識につなげます。また、形而上学的能力を高めるワークに役立つこの石は、さまざまな依存症に苦しんでいる人が再び自分の足で歩いていけるよう助けます。

スペクトロライト（ラブラドライトの一種）はきわめて精妙な波動を持ち、魂がどこにいようと守ってくれます。また、オーラ体に付着した霊的磁気を取り除くのにも有効です。さらに、霊性進化のために、わざとつらい人生のシナリオを選んだ人にもおすすめです。この石を身につけると最高次の自己に導かれ、守護されるからです。一方、バイオレットハイパーシーン（ベルベットラブラドライト）は怒りや毒気を含んだ感情をあぶりだし、ポジティブな感情に変えます。それにより心の奥にしまい込んだ不安や迷いと正面から向き合えるようになります。また、冥界への旅の伴侶としても最適です。

石に秘められたパワーを利用する

この石を宝冠のチャクラの上にかざしましょう。
肉体と精妙体が
高波動のエネルギーと共鳴します。
これによってあなたは、
あらゆる害悪から守られます。

小宇宙と大宇宙の照応をもたらす

ラピスラズリ

Lapis Lazuli ［和名：瑠璃、青金石］

- **対応するチャクラ**：喉、第三の目、ソーマ、宝冠
- **生理学的関係**：免疫系、眼、神経系、循環器系、骨髄、喉、甲状腺、喉頭、耳、血液
- **波動**：高い

古来伝わるパワー

　古代エジプト文明で"夜空"と霊力の象徴とされていたラピスラズリ。エジプト神話の『太古の海』には"ラピスラズリは神であり、神はラピスラズリである"と謳われています。"上なる如く、下もまた然り"という言葉で表される大宇宙と小宇宙の照応を象徴しています。

　アフガニスタンの辺境の鉱山から運ばれてきたこの石は古来、王権の象徴でした。メソポタミア神話には、女神イナンナ（ヴィーナス）が夫を亡くした姉の女神エレシュキガルをなぐさめるために、姉が支配する冥界へ向かった話が登場します。

　　　ある日女神イナンナは天界を捨て、冥界へ下る決心をした。
　　　ラピスラズリの首飾りを身につけ、
　　　手にはラピスラズリをちりばめた竿尺が握られていた。

　ラピスラズリの竿尺は自然界の周期、首飾りは永遠の命の象徴です。冥界の掟を破った罪で死刑を言い渡されたイナンナは、身ぐるみ剥がされ、釘に吊るされます。この神話にはさまざまな解釈があります。まず現実的な解釈として、季節の移ろいを描いたもの、すなわち宵の明星から暁の明星へ変わるときに一時的に金星が見えなくなる現象を描いたものだと考えることができます。一方、心理描写と考えると、自我の終焉の象徴ともいえます。また、イナンナが冥界の7つの門を通過するたびに持ち物を一つずつ剥ぎ取られる話は、霊的視点からすると、肉体が滅んだ後、魂は再び転生するという思想やカルマの浄化を象徴しているとも考えられます。いずれにしてもひとつ言えることは、この神話は輪廻転生と魂の変容を描いた物語であり、ラピスラズリにはこの2つを促す性質があることを暗示しているということです。ラピスラズリは大天使ミカエルの石でもあります。

癒しのパワー

　古代エジプト医学ではこの石には"プラシーボ効果"があると考えられていました。『エベルスパピルス』にはラピスラズリは眼病を癒し流産を予防すると記されています。また、アルフォンソ10世の『貴石誌』にはこの石の粉末を眼に当てたり服用すると体液の鬱滞が解消し、憂うつな気分が一掃されると記されています。粉末は膀胱炎を抑えたり月経周期を制御する目的でも処方されていたようです。現代のヒーラーは、この石に含まれる銅の力を利用して痛みを和らげ、解毒を促し、血圧を下げ、免疫力を高めます。

変容のパワー

　高い電気伝導性を持つこの石は純粋な生命エネルギーを持ち主に伝え、より高い波動に感応させます。また、精神的・感情的閉塞状態を解消することで、魂を呪縛から解放し、素直に自己表現ができるよう助けます。

石に秘められたパワーを利用する

手に持って瞑想すると第三の目が開き、
内なる真実に目覚めます。
この石と一緒にいると地上にいながら
天国にいる気分を味わうことができます。

古代人のパワーを秘めた

レムリアンシード
Lemurian Seed

- **対応するチャクラ**：すべてのチャクラと中心溝を浄化し、活性化します。
- **生理学的関係**：精妙体
- **波動**：きわめて高い

古来伝わるパワー

　地球とそこに住まうすべての生命の波動を高めるといわれるレムリアンシード。この石は母岩が風化してできた砂（崩積鉱床）に埋まったシングルポイントの状態で発見されました。最初に発見されたのはブラジルの鉱山ですが、現在では世界各地で産出されます。伝説によると、古代レムリア人が地球に"新時代"（みずがめ座の時代）をもたらすために必要な波動情報をこの石に暗号化したといわれます。

　平等と個人の力の象徴であるこの石は、人間は多次元に同時に存在していることを教えます。また、人間は宇宙の秩序の中に存在していると説き、時間の概念を取り払います。そして過去世で自分の力を間違った方向に使ってしまった人が、そのことを悔い改めることでカルマの残骸を取り除き、内なる完全さを取り戻せるようサポートします。

　この石は古代の叡智につながるポータル（異次元の扉）を開いて古代の叡智を意識の中に蘇らせます。時間という概念は物理的世界の幻想であり、私たちは多次元に同時に存在し得ることを具体的に示してくれるのです。また、この石をそばに置いておくとすべてのチャクラが開き、高次で共鳴し合うようになります。一方、自分は霊性が高いと思い込み、偉そうに振る舞う人を戒めます。今この瞬間を精一杯生き、自身の霊性進化に邁進するよう促すのです。

癒しのパワー

　大きな癒しのパワーを持つこの石は多次元に働きかけ、肉体、精妙体、チャクラ、経絡の不調の原因をすべて取り除いてくれます。すべてのチャクラをつなぐ中心溝のエネルギーの流れを調節するこの石は、アーススターチャクラから取り込んだ大地のエネルギーと、宝冠のチャクラから取り込んだ宇宙のエネルギーを心臓で統合し、体の中にある多次元意識を活性化させます。また、肉体と精妙体を再統合し、神経経路を高次の波動と共鳴させます。

変容のパワー

　癒しとは魂の存在を思い出すことにほかならないことを教えます。自滅的な思考パターン、エネルギーの閉塞、こり固まった信念——。これらは癒しの光が体に届くのを妨げます。実はこうした要因を解消できるかどうかはすべて自分次第なのです。自分を取り巻く現実を作っているのは、ほかでもない自分自身だからです。また、高次の領域で創造性を発揮するには、単にプラス思考を心がけるだけでなく、内なる意識へ目を向けることが大切であると教えます。さらに、この石を用いるとあらゆる意識レベルを探求することができ、魂が覚醒するとはどんな感じなのかを身をもって経験することができます。

石に秘められたパワーを利用する

レムリアンシードに刻まれた幾つもの細い筋を
下から上へ優しく撫でてみてください。
古代レムリア文明やアトランティス文明の頃の
自分の過去世をリーディングできます。
また、細い筋を階段を昇るように
指でたどっていけば意識が拡大します。

神秘的な変容をもたらす

マラカイト

Malachite ［和名：孔雀石］

- **●対応するチャクラ：**大地、基底、仙骨、心臓、太陽神経叢
- **●生理学的関係：**尿生殖路、肝臓、膀胱、膵臓、骨、DNA、膜、脾臓、上皮小体、細胞構造、循環器系、リンパ系、免疫系
- **●波動：**粗くて深い

古来伝わるパワー

　今から6千年以上も前、エジプトのシナイ半島にある女神ハトホルゆかりの銅山で発見されたマラカイト。イスタンブールのハギアソフィア大聖堂の巨大な円柱はこの石でできていますが、もともとエフェソスのディアーナ神殿に使われていたものです。

　古代、呪いや邪眼を退けるお守りとして用いられていました。古代人はこの石に太陽の図柄を好んで彫りました。太陽には黒魔術、妖術、悪魔を追い払う力があると信じられていたからです。プリニウスの時代には、災害から身を守る石とされていたほか、乳飲み子を持つ母親と子どものお守りとして用いられていたようです。また、古代から中世にかけては眼病の治療薬として使われていました。古代詩には、"不透明で鮮やかなマラカイトグリーンは眼病を予防し、視力を回復させる"と謳われています。

癒しのパワー

　良質のエネルギーを体内に送り込み、ジオパシックストレス、電磁スモッグ、放射能などの環境汚染物質を吸い取ります。また、関節炎に効果があるとされていますが、これはマラカイトを身につけていると成分である銅の微粒子が血液中に吸収されるためではないかと考えられています。古代エジプトでは軟膏にして眼病、コレラ、細菌に感染した傷の治療に用いられていました。また、最近マラカイトに含まれる水酸化炭酸銅にブドウ球菌などの病原体を抑制する抗菌作用があることが発見されました。古代エジプトでは粉末にしてハチミツ――天然の抗生物質――と混ぜて処方する習慣があったことから、抗菌作用は一層強かったと考えられます。

　中世の貴石誌には痙攣や発作を抑え、安産をもたらすと記されています。現代のクリスタルヒーリングでは、魂と肉体の不調や精神性的障害を改善するために用いられます。肉体面では、臓器を浄化して働きを整えます。精神身体面では、不調の根底にある原因を解消します。なお、ヒーリング目的でこの石を使用するときは、経験豊富なヒーラーの指導を受けることをおすすめします。

変容のパワー

　内なる変容と魂のカタルシスをもたらします。性格的な問題、古い思考パターン、閉塞感、過去のしがらみ――。霊性進化を阻むこうした要因を容赦なく暴きだし、自分の考えや行動に責任を持つよう求めます。こうしたマラカイトの特質によってカルマと魂が浄化され、生まれてきた本当の目的が明らかになるのです。

　また、この石は過去世や幼少期から引きずるトラウマを解消し、遺伝的なDNAをリセットします。そして霊的成長をもたらすエネルギーを引き寄せて肉体の波動を上げてくれます（注：大量に用いるとマラカイトは毒性があるので注意してください。研磨したものを用い、触った後は手を洗ってください）。

石に秘められたパワーを利用する

マラカイトを持って瞑想するときは、
目を半開きにして石の輪郭を追ってください。
異次元の探求や水晶占いに用いられる
この石と瞑想すると、これまで
経験したことのない深い内観に導かれ、
未来を垣間見ることができます。

賢明な女性性の象徴

メナライト
Menalite

- ●**対応するチャクラ**：アーススター、基底、仙骨、過去世
- ●**生理学的関係**：胸、ホルモンの分泌、内分泌系、女性生殖系
- ●**波動**：粗い

古来伝わるパワー

　賢明な女性性と女性聖職者のパワーを秘めたメナライトは持ち主を母なる大地へ結びつけます。中心部がフリントに似たこの石は通過儀礼や多産を祈る儀式に最適です。また、シャーマンが異次元を旅する際に用いられ、持ち主を守護するパワーアニマルを呼び寄せます。この石とワークすると、シャーマンのアンカーができます。それは体の中に通った1本の軸のようなもので、心と体と大地をしっかりつなぎ留めます。

　かつて古代人は月経を神聖視していました。古代の民は生理の血を女神に捧げることで多産と子孫繁栄、生命の維持を祈ったのです。また、月経中の女性は夫や子どもたちと離れ、月経小屋に集う習慣がありました。そこは寂しさと戦いながら女性たちが夢を語り絆を深める場所でもあったのです。その後、時代とともに占いや予言が人々の生活に強い影響を持つようになると、その叡智ゆえに村人たちの尊敬を集めていた女性長老に対する敬意が次第に失われていき、月経を神聖視する習慣もなくなっていったのです。

　この石を用いると血に宿る神聖な叡智に対する敬意を取り戻すことができます。転生を決意した女性の魂が、受胎から誕生後、幼少期、処女、母親、老女へと成長し、年を重ねていく間、ずっと守り導いてくれます。

癒しのパワー

　体内の"エネルギーの核"を強化するこの石は、精妙なホルモンバランスを整えることで思春期や閉経後の女性を助け、人生の節目にある女性を精神面からサポートします。妊娠から出産までの間、母子の健康を守り、出産後はお乳の出をよくし、親子の絆を強めます。寝汗をかいたり閉経期の一過性熱感に襲われたときは、この石を握ると熱気が取れ、ぐっすり眠ることができます。心理面では、子どもを亡くした女性や鳥の巣症候群の女性を慰め励まします。

変容のパワー

　人生の節目──誕生、思春期、閉経、死──で行う儀式に最適です。不安や迷いを取り除くこの石は、すべての魂は創造主に守られ、終わりなき生命の循環の中にあることを実感させます。また、魂の断片を再統合するのに役立ちます。家系の因縁や過去の条件付けを解消し、中毒や虐待の負の連鎖を断ち切ります。さらに、崩壊した家庭を立て直すのにも有効です。ただし、このワークをするときは資格を持ったセラピストの指導を受けてください。また、陰核切除の風習がある国や月経期間中の女性を汚れたものとみなす文化で育ってきた女性は、この石で女性性のパワーを取り戻すことができます。この石の助けを借りれば、賢明な女性性を備えた真我に目覚めることができます。

石に秘められたパワーを利用する

枕の下に置いて眠ると、古代の
女性性の叡智とつながることができます。
人生の節目にはそばに置いておきたい石です。

アカシックレコードにつながる

マーリナイト
Merlinite

●**対応するチャクラ**：過去世、ソーマ、第三の目、高次の心臓（胸腺）
●**生理学的関係**：神経伝達物質、神経系、呼吸器系、循環器系、エーテル体。主に精妙体に働きかけます。
●**波動**：高い。特にミスティックマーリナイトはきわめて高い波動を持ちます。

古来伝わるパワー

　古代シャーマンの叡智を秘めたマーリナイト。魂の運命とアカシックレコードにつながっています。アカシックレコードは古代メソポタミア文明では"運命のタブレット"と呼ばれていました。また、古代エジプト神話では、トト神が人が死んだ後に心臓の重さを測る裁きで、その人の生前の行いをすべて記録したとされています。さらに、ユダヤ教の『生命の書』、キリスト教の『記録天使』、女神ネメシスが高慢な人間に神罰を与えたとするギリシャ神話——。これらはすべてアカシックレコードの存在を示唆しています。一方、インドではサンスクリット語で"虚空"を意味するアーカーシャ層という全人類の歴史が暗号化された非物質的領域の存在を認めています。これもアカシックレコードの存在を想起させます。
　アカシックレコードには宇宙に存在するすべてのものがホログラムとして記録されています。実は人間の魂にもこのホログラムの小さな断片が含まれているのです。私たちは自分が立てた計画にしたがって、この世に生まれてきた目的を果たします。ただし、積み重なったカルマや古い魂の計画によって軌道修正を迫られる場合があります。そんなとき、アカシックレコードを読むことで、これまでの魂の軌跡や未来の可能性を知ることができるのです。ただし、今世でどんな選択をするかによって未来は変わってきます。
　ところで科学の世界に目を向けると、連結性仮説はサブ量子エネルギー場なるものの存在を仮定しています。そこにはすべての出来事がホログラムのように永遠に記録されています。量子物理学はこのサブ量子エネルギー場に将来の可能性がどのように暗号化されているのかを説明する理論です。マーリナイトは私たちをこのエネルギー場にある暗号化情報につなげ、魂の旅を促進するのです。

癒しのパワー

　現代のクリスタルヒーリングでは、精神、体、霊性のバランスを保ち、男性性と女性性のエネルギーの調和をはかるために用いられます。また、この石は神経伝達物質を再構築し、拡大した波動エネルギーを体内に取り込むスペースを確保します。さらに、カルマを一気に解消します。

変容のパワー

　過去を手放し未来へ目を向けるよう促します。過去世のチャクラに当てると、自分のマイナス思考や過去の条件付けに気づき、カルマの傷の原因を発見できます。また、新たな視点で物事に対処できるようになります。強い感情のトラウマや魂にとってショッキングな出来事はアカシックレコードに深く刻み込まれます。有能な前世療法セラピストとマーリナイトの助けを借りれば、つらい過去の出来事を別の視点から捉え直すことができます。それによって違った結論を導いたり、隠れた深い意味を発見することができるのです。また、この石はあなたが今世の人間関係を選んだ理由を明らかにします。さらに、今この瞬間に存在する未来の可能性に同調させ、もし今と違った選択をした場合どのような未来が待ち受けているのか教えてくれます。ミスティックマーリナイトはあなたの魂をさらに高次のレベルへ導きます。

石に秘められたパワーを利用する

第三の目に当てると、
今世での選択が来世に
どのような結果をもたらすのか
知ることができます。

宇宙意識と地球意識の融合をはかる

モルダバイト

Moldavite ［和名：モルダウ石］

- **対応するチャクラ**：すべて
- **生理学的関係**：ライトボディ、心身症の根本原因
- **波動**：天然石の波動は高いですが、人工石にはモルダバイト特有の"エネルギーの奔出"が見られません。

古来伝わるパワー

1100万年前、巨大な隕石が莫大なエネルギーを伴って地球に衝突。そのときの衝撃で地表の岩石はガラス質に変質しました。この宇宙のパワーと母なる大地のパワーの融合によって生まれたのがモルダバイトです。宇宙の変容を象徴するこの石は、古くから意識の拡大を促すきわめて高い波動を持つとされてきました。そして最近、モルダバイトの波動が再び上昇してきています。波動の高い石とのワークの初心者にはまずこの石をおすすめします。

石が天から降ってきたという伝説はたくさんあります。聖杯伝説を描いたエッシェンバッハ作の叙事詩『パルツィファル』には聖杯は天から降ってきた緑色の石でできていると記されています。このことから、聖杯はモルダバイトだと指摘する専門家も多くいます。また、悪魔が天界から転げ落ちた拍子に、王冠からこぼれ落ちた緑色の宝石がモルダバイトだという伝説もあります。宇宙の叡智を伝えるこの石を用いると、高次の導き、異星人、アセンデッドマスター、宇宙からのメッセンジャーとコンタクトを取ることができるといわれます。

今から2万5千年以上前、東欧諸国の古代人はこの石を多産と幸運を引き寄せる護符として身につけ、この石で道具を作っていました。しかし、現代では希少な石になりつつあります。

癒しのパワー

この石を握ると全身にエネルギーが行き渡るのを感じます。この石の特徴は不調の症状自体を改善するのではなく、その原因を解消する点にあります。不調を招き霊性進化を阻むエネルギーのアンバランスを根本的に修正する働きがあるのです。この石を用いるとめまいを感じる場合がありますので、事前にグラウンディング用の石を用意しておくといいでしょう。

もしあなたがスターチャイルドで地球の波動が重苦しいと感じたときは、この石があなたの波動を調整して宇宙のエネルギーをより多く肉体に取り込めるようにしてくれます。その結果、地球での生活が楽になり、同時に大地のエネルギーを宇宙の光に変換することができるようになります。

変容のパワー

カルマを解消し魂を変容させるこの石はアカシックレコードから情報を取り込み、体内に宇宙意識を徐々に浸透させます。また、持ち主に過去世の叡智を伝え魂の目的を思い出させます。さらに、魂を未来へ導き霊性進化に必要な知識にアクセスさせます。そして手に入れた知識を今世で活かせるようサポートします（注：波動の高い石に過敏な人は、モルダバイトのエネルギーと同調するまでは、控えめに使用するようにしてください）。

石に秘められたパワーを利用する

第三の目に当てて瞑想すると、
最高次の意識とつながり
宇宙との一体感が得られます。

心身症を癒す

モルガナイト
Morganite

ピンクベリル
Pink Beryl ［和名：ピンク系の緑柱石］

- ●対応するチャクラ：心臓、高次の心臓（胸腺）、ハートシード、太陽神経叢
- ●生理学的関係：神経系、細胞。眼、心臓、肝臓、肺、胃、喉などに悪影響を及ぼしたり発作を引き起こす原因となる心身症や感情障害
- ●波動：高い

古来伝わるパワー

　無条件の愛と深い赦しをもたらすモルガナイト。プリニウスの『博物誌』に唯一記述のないベリルがピンクベリルですが、だからといってこの石が無名の存在だったわけではありません。現に古代エジプトでは儀式用の宝飾品として珍重されていました。ベリルは天国の礎石として旧約聖書や新約聖書に登場します。初期のキリスト教徒が著した貴石誌には、ローマ教皇・聖グレゴリウス1世が天使9階級にクリスタルを1個ずつ割り当てた際、ベリルを権天使の石としたと記されています。

　ベリルの特性を有しながら、モルガナイトは独自の癒しの波動を持ちます。有害な感情や経験を手放す方法を魂に教えます。有害な感情や経験は心臓のチャクラを詰まらせ、高次の心臓とハートシードチャクラ、内なる神殿が開くのを妨げます。モルガナイトの助けを借りればこうした詰まりが解消し、魂は内なる神殿に帰ることができるのです。

癒しのパワー

　心身症の改善に最も大きな効果を発揮します。心身症とは心の葛藤やストレスが原因による病です。感情を抑えた状態や、感情的な欲求が満たされない状態が長く続くと健康がむしばまれます。そんなときはモルガナイトをそばに置いておくと、身体疾患の背景にある"心の病"を発見することができます。アゼツライト（p. 46を参照）と一緒に用いると一層効果的です。また、この石は病気が治ることへの潜在的な抵抗感や恐れを払拭してくれます。痛みを心地よく感じ、その状態から抜け出すのを怖がっている人に、健康を回復して幸せになるための第一歩を踏み出す勇気を与えてくれるのです。

　現代のクリスタルヒーリングでは、ストレス性疾患や心臓疾患、喘息、肺気腫、結核などの症状改善に用いられます。また、細胞を再構築してエネルギーを充電し、めまいを和らげ、インポテンツを肉体的・精神的側面から治す働きもあります。

変容のパワー

　問題を直視したくないために、いつも逃げ回っている自分の姿に気づかせます。また、かたくなな態度（チベット医学ではこれが不調を招く原因とされます）や強すぎる自我が霊性進化を阻んでいる事実を明らかにし、まだ満たされてないあなたの魂の欲求が何であるかを教えてくれます。さらに、被害者意識を払拭するこの石は力強さと品格のある魂へと成長させます。

石に秘められたパワーを利用する

心臓のチャクラに当てると、抑えていた
感情を解き放つことができます。
その結果、魂は愛に包まれながら
霊性進化の道を歩んでいくことができます。

豊穣をもたらす

モスアゲート

Moss Agate ［和名：苔瑪瑙］

- **対応するチャクラ**：大地、基底、仙骨、喉
- **生理学的な関係**：リンパ系、細胞系、循環器系、生殖系、神経系、神経伝達物質、眼、関節、心臓
- **波動**：粗い

古来伝わるパワー

　古代の貴石誌にモカストーンという名で登場するモスアゲートは、古来、強力な治癒力と守護力を持つ石として尊ばれてきました。鉄分を含むこの石はお守りや魔よけとして珍重され、古代ペルシア文明では、雄弁さが身につく石とされていました。

　自然環境と共鳴し、極端な天候アレルギーの人や環境汚染物質に影響されやすい人を助けます。また、古くから農業やデーヴァとの関連を指摘されてきました。デーヴァとはこの地球内部に住み、植物の成長を司り、火地風水の4元素を支配する神的存在です。

　種まきの時期にこの石を用いると豊作が期待できるという言い伝えもあります。古代の叙事詩『リティカ』には"この石を畑を耕す雄牛の角にくくりつけるか、畑を耕す男の太い腕に巻くと、豊作の女神ケレスが汝の田畑に舞い降り、豊作をもたらす"という一節があります。また、穀物を豊かに実らせる雨を降らすといわれています。

癒しのパワー

　古代の助産婦はこの石を用いて陣痛を和らげ、安産を祈ったといわれます。また、漢方では精神的混乱を鎮める働きがあるとされています。現代のクリスタルヒーリングでは、精神を安定させ、強い心を育てるために用いられます。一方、古代では眼病の治療薬として処方されていました。当時の医者はこの石で作ったパレットで粉薬を調合しました。そうすることでモスアゲートに含まれるマグネシウム、マンガン、鉄分が微量ながら薬と混ざり合い効能が高まることを知っていたからです。たとえば、マグネシウムは酵素の働きやエネルギーの伝達を助けるほか、健康な骨、筋肉、神経、細胞組織にとって必須の元素です。一方、現代では、抗炎症作用のあるこの石はリンパ系を癒し脱水症状を改善するために用いられます。また、皮膚の感染症や真菌感染症を癒し、神経伝達物質を再構築する働きもあります。

変容のパワー

　新たな始まりを象徴するこの石は新規のプロジェクトを軌道に乗せ、豊かさを引き寄せます。また、自分の感情にとらわれがちな人に客観的な視点を与え、逆に知性が勝ちすぎている人にもっと自分の感性を大切にするよう働きかけます（p. 20のアゲートを参照）。

石に秘められたパワーを利用する

この石と瞑想すると
トラブルの根本原因が見えてきます。
困難を克服するのに必要な
粘り強さが身につきます。

精妙体を再構成する

ナトロライト
Natrolite ［和名：ソーダ沸石］

スコレサイト
Scolecite ［和名：スコレス沸石］

- ●**対応するチャクラ**：最高次の宝冠のチャクラを含むすべてのチャクラを開きその働きを整えます。
- ●**生理学的関係**：エーテル体、神経伝達物質、神経系、筋肉系、リンパ系
- ●**波動**：粗いものからきわめて高い波動まであります。

古来伝わるパワー

　見かけは似ていますが、スコレサイトのエネルギーの強さはナトロライトよりも1段下になります。珪酸ナトリウムを主成分とするナトロライトはまさに純粋な光そのものといった感じです。形而上学的意識と霊的意識に深い変容をもたらし、持ち主を宇宙意識と同調させて霊的光明を体内に呼び込みます。

　一方、珪酸カルシウムを主成分とするスコレサイトはナトロライトよりも粗い波動を持ちます。このため初心者やきわめて感受性の強い人に適しています。どちらが自分に合うかを確かめるには、まずスコレサイトを片手に数秒間持って自身のエネルギーと石のエネルギーが調和するよう心の中で念じてください。しっくり馴染む感じがしたら、今度はナトロライトに持ち替えてください。エネルギーが強すぎると感じたら、もう一度スコレサイトを手に持ち、さらに2〜3週間後にもう一度ナトロライトを試してください。最終的には、自分の波動に強く馴染むほうを選ぶといいでしょう。

　ワークするときに、2つを一緒に用いると波動の階段ができ、そこを駆け上がると多次元に到達できます。その結果、同時に複数の次元に意識が覚醒した状態で存在することができるのです。ただし、これができるのは波動の高い石を用いたワークの経験が豊かで、自らの肉体エネルギーを浄化し、高度に洗練された状態へ持っていける人に限られます。それ以外の人はまずスコレサイトから始め、肉体エネルギーが浄化され洗練された段階でナトロライトに移行することをおすすめします。

　新しいエネルギーを肉体にしっかりつなぎ留めるには、スモーキーエレスチャルクォーツを足元に、ナトロライトもしくはスコレサイトを頭上にかざすと効果的です。スコレサイトはほかの石がオーラ体から除去した際に残った古い思考パターンや霊的垢を最後の最後まできれいに取り除いてくれます。

癒しのパワー

　精妙体を再構成し、意識が拡大した後に神経系と神経伝達物質を再び同調させます。筋肉硬化症など神経・筋肉系の疾患には各チャクラにこの石を当てると効果的ですが、その際、体の背面のチャクラにはスコレサイトを、前面にはナトロライトを当てると効果的です。また、いずれかの石を胸腺と頭の上に置き、ヘマタイトやスモーキーエレスチャルクォーツのようなグラウンディング作用のある石を足元に置くと、体液量がうまく調整され、経絡を整えることができます。さらに、この2つの石でベッドの周囲にグリッドを作ると不眠症を解消することができます。

変容のパワー

　2つの石を同時に用いると、肉体がライトボディと意識の変容を運ぶ乗り物に早変わりします。また、波動の変化に敏感すぎて地球で生きていくのが困難な人は、この2つの石の助けを借りれば、霊的自己を肉体に統合させ、心地よく暮らしていくことができます。

石に秘められたパワーを利用する

ナトロライトとスコレサイトを一緒に
チャクラに当てると波動が上昇し、
全身が内なる平和で満たされるでしょう。

霊的錬金術師

ニルヴァーナクォーツ™
Nirvana Quartz™

- **対応するチャクラ：**ソウルスター、ステラゲートウェイおよびそれより上方のチャクラ
- **生理学的関係：**精妙な生体磁気場、経絡、ライトボディ
- **波動：**きわめて高い

古来伝わるパワー

　クォーツの中でも屈指の高い波動を持つニルヴァーナクォーツ。意識の変容と霊性進化をもたらすこの石は、純粋意識をソウルスターチャクラに集め、意識の拡大と悟りをもたらす霊光を肉体と地球に注ぎます。

　古代ギリシャの詩人・オルフェウスはクォーツを"永遠の灯を象徴する半透明の石"と呼びました。プリニウスは、クォーツは氷が超低温で凍結してできたと述べ、クラウディウスは"クォーツは氷が固まってできた石で、それ以上凍らせることも、シリウスの高温で溶かすこともできない"と述べています。なるほど、もみくしゃにされたようなこの石の表面を見れば、古代人がなぜこのようなイメージを抱いたのか想像がつきます。まさに圧縮された氷のように見えるのは、この石がヒマラヤ山脈の氷河地帯で生成されたからです。また、この石は地球から見える最も明るい恒星シリウスと形而上学的なつながりがあるといわれます。

　ニルヴァーナクォーツは物質と意識、心と体をエネルギーレベルでとりもつインターフェースです。チベットの仏僧は深い瞑想をもたらす石として珍重してきました。この石を目の前にすると悟りをもたらす真実の石であることがよくわかります。仏経にもあるように、生命の営みは生々流転の過程にして永久に不変なることに気づかせてくれるのです。

癒しのパワー

　しもやけに効くといわれますが、肉体に直接作用することはまれで、むしろ魂を啓発するのに大きな効果を発揮します。ヒーラーと遠隔地にいるクライアントの間に立ってエネルギーの橋渡しをするこの石は、魂の断片を取り戻す必要のある人や、霊的垢を落とす必要のある人を助けます。ただし、このワークは経験豊かなヒーラーでないと無理です。また、この石を用いたヒーリングでは肉体と精妙体が浄化されカルマが解消される際に、カタルシスが起きることがあるので注意してください。そのときは足元にスモーキーエレスチャルクォーツを置くと、あなたが吐き出した負のエネルギーを吸い取りプラスに変換してくれます。

変容のパワー

　人間の本質は魂であり、私たちが転生した目的は霊的光明と霊的真理をこの世にもたらすことにあることに気づかせます（注：ニルヴァーナクォーツはアイスクォーツもしくはグロース・インターフェアレンスクォーツという名で販売されていることが多いですが、両者には微妙なエネルギーの差があります）。

石に秘められたパワーを利用する

この石と瞑想すると至福を感じます。
創造主の無条件の愛と清らかな心に
包まれた感じになるでしょう。

チャクラコードを切る

ノヴァキュライト
Novaculite

- **対応するチャクラ**：宝冠、ソウルスター、ステラゲートウェイ。すべてのチャクラコード（自分のチャクラと相手のチャクラをつなぐエネルギーのコード）を切り、チャクラを再構築します。
- **生理学的関係**：細胞構造、皮膚、エーテル体
- **波動**：粗いものときわめて高いものがあります。

古来伝わるパワー

ノヴァキュライトはフリントに似た石で、性質もよく似ています。両方とも、多次元へ通じる扉を開きます。アメリカ大陸では3千年以上も前からこの微晶質石英を使って道具や指輪、ネックレスなどが作られてきました。

シャーマンが異次元を旅する際に用いるこの石は魂を磨くのに最適です。成長とともに不要になったものを取り除き、持ち主を過去世に縛りつける精妙なコードを切断します。また、チャクラを開いて再構築した後、霊的エネルギーを肉体に取り込みます。さらに、ヌーマイトとの相性も抜群です。2つの石を一緒に用いると呪術による悪影響を排除することができます。ただし、この手のワークは資格を持ったヒーラーが行うのがベストです。

癒しのパワー

この石のきわめて精妙な波動は肉体と精妙体のみならず、周囲の環境も癒します。レーザービームのような強い光にはエーテル体の青写真を修正し、肉体を再構築する作用があります。また、細胞記憶を支え遺伝子コードを再構築します。一方、心理面では、強迫神経症の隠れた原因を明らかにし、双極性障害を改善します。また、ノヴァキュライトを浸けた水で洗うと、肌のハリとつやが保たれ、イボがとれます。さらに、この石で作ったグリッドは地球のエーテル体のマトリックスを修復してエネルギーを補給し、電磁エネルギーの流れを正常に回復させます。

変容のエネルギー

ノヴァキュライトは"カミソリ"という意味で、昔から道具を削るために用いられてきましたが、現代では魂を研ぐために用いられます。いつまでも過去にとらわれていると肉体からエネルギーが吸い取られ魂の成長が妨げられます。もしあなたが過去世からの因縁で別の魂に束縛されている場合は、この石を用いて縁を断ち切ることができます。それに加えて、過去世の契約を新しい視点で見直して適切な内容に変えたり、場合によっては解消することもできます。また、高次のチャクラコードを切断するのに有効なこの石は、魂が今世の目的を果たせるようサポートしてくれます。さらに、この石は境界線を引くことの大切さも教えます。たとえば、柔軟性や思いやりは大事ですが、邪気や虐待を寄せ付けない断固とした姿勢も大事であることを教えます。

これまでどんなにつらい経験をしてきたとしても、そこには魂にとって成長の糧が必ず含まれていることに気づかせてくれます。この石を手に持って星に願いを掛ければ天使に導かれるでしょう。

これまで周りと衝突することが多かった人は、この石を用いると人間が丸くなり、静かな自信に満ちてきます。また、くよくよ考えるタイプの人には、起きたことよりも問題解決に意識を向けるよう促します（注：ノヴァキュライトの破片で手を切らないよう注意してください）。

石に秘められたパワーを利用する

ノヴァキュライトで体をサッと掃くようにすると、
精妙体に付着した過去世の垢を
落とすことができます。

虚空のパワーを引き出す

ヌーマイト

Nuummite ［和名：緑藍晶石］

- **対応するチャクラ**：アーススター、基底、過去世、ソーマ。すべてのチャクラを活性化して統合します。
- **生理学的関係**：大脳辺縁系、腎臓、細胞構造、生殖系、神経系、三焦経、インシュリン制御、精妙体（オーラ体）
- **波動**：粗いものと高いものがあります。

古来伝わるパワー

　虚空のパワーを秘めたヌーマイト。虚空には魔法の力が宿るといわれますが、その力は敬意を持って正しい目的に利用しなければなりません。古代の創世記神話によると、物質は虚空から生まれました。虚空とは形のない空間で万物の創造に先立って存在していました。旧約聖書外典の一書『ソロモンの知恵』では、"万物を創造"したのはソフィア（知恵の神、完全に永遠なるもの）であるとされ、ソフィアが人間の創造に携わったことを示唆しています。ソフィアとは"古きを知り、新しきを知る"知恵の神なのです。

　30億年前にできたヌーマイトは地球上最古の鉱物です。創造と再生をもたらす虚空のパワーと直接つながるこの石は、万物が土に還り新たな生命が誕生する暗い場所を大切にするよう教えます。

　魔術師の石と呼ばれ、虹色に輝く表面には形而上世界とつながる魔法の気配が感じられます。また、私たちが潜在意識と宇宙意識の次元から、内なる意識へと安全に移動できるよう助け、持ち主のオーラを保護します。さらに、呪いや邪気を払いのけ、カルマのもつれ、霊的垢、憑依を取り除きます。

癒しのパワー

　エーテル体の青写真を癒し、感情面、精神面での不調を改善し、心身症を予防します。また、精妙体と肉体のバランスを整えることによって、霊的垢を落とし、オーラの弱った箇所を修復します。経験豊かなヒーラーであれば、この石を用いて心霊手術を行い、エネルギーの詰りやカルマの残骸を取り除くことができます。

　精神的なストレスによる不眠症を改善し、睡眠中の魂を守護します。また、大脳辺縁系と細胞構造のエネルギーを再生し、精妙体の神経系と神経経路を再調整することで、パーキンソン氏病などの変成疾患の改善に効果を発揮します。首に当てると緊張性片頭痛に効き、膵臓に当てるとインシュリンの量を調整します。さらに、三焦経に当てると、体内のエネルギーの流れと熱の流れのバランスを適正に保つことができます。

変容のパワー

　個人のパワーの正しい使い方を教え、カルマは普段口にする何げない言葉や行動から生じることを教えます。また、人には必ず"光と影"の部分があり、影あってこその光であることに気づかせます。強い光を浴びれば、それだけ影も濃くなります。ところが、光（幸せ）だけを追い求めているとつい影（不幸）の存在を否定したくなります。すると生き方のバランスが崩れ、バランスを取るために影が一層大きくなるのです。そんなときこの石は、"光と影"のバランスを回復し、この両方があってこそ本当の自分であることに気づかせてくれます。また、今世の使命をしっかり果たすことが、魂の成長につながることを教えてくれます。

石に秘められたパワーを利用する

この石と瞑想すると今世に持ち越された
過去世からの問題に気づきます。
そして、成長とともに不要になったものを捨て、
あなたを利用しようとする人間との
関係を断つことができます。

カタルシス効果を持つ

オブシディアン

Obsidian ［和名：黒曜石］

- **対応するチャクラ**：アーススター、基底、仙骨
- **生理学的関係**：解毒、消化器系、循環器系、関節、前立腺
- **波動**：色と種類によって粗いものから中程度のものまであります。

古来伝わるパワー

　古来、異なる時空間への入り口とされてきたオブシディアン。ギリシャの哲学者・テオフラストスによると、古代ギリシャではこの石を磨いて占い用の黒鏡を作る習慣がありました。また、オブシディアンの水晶玉には何千年もの歴史があります。

　シャーマンはこの石のパワーを借りて過去世からの影響を排除します。また、この石はオーラを防御することで、サイキック攻撃や悪意から身を守ってくれます。穏やかな波動を持つアパッチティアーと呼ばれるオブシディアンを身につけると魔よけになります。一方、レインボーオブシディアンは2つの魂をつなぐエネルギーのコードを切断し、不適切な関係を断ち切ります。この石の助けを借りれば、過去世の呪縛から解放され再び人を愛することができるようになります。

癒しのパワー

　この石とワークするときは、資格を持ったヒーラーの指導を受けるのがベストです。この石の特徴はなんといっても即効性にあります。感情的なカタルシスを誘発することもあるこの石は、不調の原因を即座に明らかにします。オブシディアンの仲間でもマホガニー、スノーフレーク、アパッチティアー、ブルーのオブシディアンの癒しのペースはブラックオブシディアンよりもゆるやかです。しかし、持ち主に改めるべき性格上の欠点があれば容赦なく指摘し、魂を深く癒します。また、時代遅れの考えを捨てるよう促し、何をどう変えるべきかを的確に示してくれます。ヒーリングの部屋にこの石を置いておくと、問題点が即座にあぶりだされ、ヒーリング中に発生した否定的なエネルギーを取り除くことができます。

　肉体面では、解毒を促し、体の緊張を和らげ、体調を整えます。また、過去世ヒーリングにも役立ちます。この石の助けを借りれば、これまで直視することを避けてきた不愉快な記憶やトラウマと向き合いそれらを解消することができます。

変容のパワー

　完全に気力が失せてしまった人に再び活力を与えます。この石を用いると、潜在意識の奥深くまで入ることができます。それによって真実と向き合い、自分の中の光と影を統合することができます。さらに、この石は体に蓄積した否定的なエネルギーをプラスに変換し、魂を呪縛から解き放ちます。ブラックオブシディアンを用いればアンセストラルラインを探求し違った視点で捉え直すことができます。正直さの象徴であるこの石は持ち主を霊性進化の道へ導きます。

　スパイダーウェッブオブシディアンはあなたを過去に縛りつけている思考パターンや自らに課した制約の存在に気づかせます。これまでいかに自分をあざむき他人を利用してきたか、生きていくためにどれだけいろんな策略を巡らしてきたかを目の当たりに見せるのです。まさに手加減なしの石ですが、逆にその力を借りれば、自分が本当に何を望んでいるのかがわかり、願望実現に一歩近づくことができます。オブシディアンの光は魂の奥深くに眠るあなたの美しい面を照らし出すのです。

石に秘められたパワーを利用する

足元にオブシディアンを置きましょう。
両足から伸びた2本のコードが
アーススターチャクラを通ってからみ合いながら
地球の奥深くまで到達する様子をイメージしてください。
こうすれば、どんなに激しい変化も
しっかり地に足をつけて乗り切ることができます。

思考力を高める

オパール

Opal ［和名：蛋白石］

- **対応するチャクラ**：第三の目、心臓
- **生理学的な関係**：血液、腎臓、膵臓、生殖器、眼、神経伝達物質、髪の毛、爪、胃腸、三焦経、免疫系
- **波動**：粗いものから高いものまで、タイプによって異なります。

古来伝わるパワー

　希望、潔白、純潔を象徴するオパール。その名の由来はサンスクリット語で"宝石"を意味するウパラです。プリニウスは、"この石の輝きはまるで画家の絵の具のようである"と言いました。水分を多く含むために、乾燥すると砕けたりひび割れを起こしますが、非晶質のため石の内部を波動が急速に伝わりやすい性質があります。

　またオパールには不幸を招くという伝説もあります。スペインのアルフォンソ7世は結婚式で妃にオパールの指輪をプレゼントしましたが、妃はほどなくして死去。その後、指輪を妹に与えましたが、彼女も数日後に亡くなります。さらに義理の妹も3か月後にこの世を去り、この指輪をはめた国王自身もついに亡くなりました。こうした不幸な出来事が相次いだ後、アルムデナの聖母マリア像にこの指輪を捧げたところ、王室一族を襲った不幸はピタリと止んだといわれます。

　ギリシャ・ローマ時代には死者の魂を冥界へ導くヘルメース／メルクリウス神と関連づけられていました。また、思考力を高め、記憶を回復させる石とされていました。さらに、この石を身につけると姿かたちが見えなくなり、シャーマンが訪れる世界や危険な場所にも安心して行くことができるといわれていました。エリザベス朝の貴石誌には次のように述べられています。

　この"眼の石"を身につけると周りの景色が一点の曇りもなくはっきり見え、眼病の予防にもなる。しかしその一方で、この石は相手の目をくらませ……ときには完全に目が見えないようにしてしまう。"盗賊の守護石"と呼ばれる所以である。

　古代、この石を左手に持ってじっと見ると、自分が欲しいものをすべて引き寄せることができると信じられていました。しかし、現代ではこの石は幸運も不運もすべて自分の想念が引き寄せることを教えます。澄みきった心を育て、思考力を高めます。

癒しのパワー

　古来、眼病の治療に用いられてきました。この石の成分である二酸化珪素は髪の毛、爪、肌に栄養を与えます。現代のクリスタルヒーリングでは、血液を浄化し、月経前症候群やパーキンソン氏病を改善するために用いられます。

変容のパワー

　たとえばあなたが誰かに悪意を抱いたとします。するとこの石は悪意をそっくりそのままあなたに送り返します。こうすることで自分のしたことが相手をどれだけ苦しめているかをわからせ、因果応報を説くのです。オレゴンオパールは幸せの邪魔をする嘘偽りを暴き、自分に正直に生きていけるよう応援します（注：ポーラス（多孔性）オパールは水に浸けないよう注意してください。また、カボションカットされた石にオイルを塗ると光沢が出ます）。

石に秘められたパワーを利用する

オパールを持って意識を石に集中させ、
自分の願いが実現したところを
想像してください。
願いは必ず現実化します。

創造性を高める

オレンジカヤナイト

Orange Kyanite ［和名：オレンジ藍晶石］

- **対応するチャクラ**：アースター、基底、仙骨。すべてのチャクラにエネルギーを与え、働きを整えます。
- **生理学的関係**：小脳、喉、副腎、泌尿生殖器、血圧、運動機能
- **波動**：高い

古来伝わるパワー

　タンザニア産の希少石オレンジカヤナイト。太陽の光の結晶のような外見から、ほとばしるエネルギーが伝わってきます。この石には持ち主の創造力と願望実現能力を高める働きがあります。この石の発色原因はマンガンです。黄金色の"ウロコ"状の模様はマイカ（雲母）で、浄化作用を持ち、高波動のエネルギーを放射します。オレンジカヤナイトは日常生活で地に足のついた考え方を促します。カヤナイトには優れたエネルギーの増幅・伝達作用がありますが、特にオレンジはきわめて高い波動と共鳴します。この石の助けを借りれば、心の奥底を覗きこんでカルマを解消し、創造性の発露を妨げている原因を取り除くことができます。

　この石を用いて内観すると、自分は根本的にどんなことにワクワクしたり喜びを感じるのかがわかります。また、生殖と性生活に深くかかわる仙骨のチャクラを活性化し、あらゆる創造的な試みを成功に導きます。仙骨のチャクラが詰まると、自尊心が低下し劣等感が生じます。場合によってはそれが残虐性、尊大さ、嫉妬、ものぐさを生み出す原因ともなります。不妊で悩んでいる人や実行力が無い人は、過去に性的関係を持った人の霊的磁気が仙骨のチャクラを詰まらせている可能性があります。オレンジカヤナイトはこうした詰りを取り除くのに最適です。

　この石はすべてのチャクラを開いて浄化し、霊光で満たします。また、チャネリングや高次のエネルギーとの同調を可能にし、霊的なエネルギーを引き寄せます。否定的な力を一切寄せつけないこの石は、過去世での性的関係や信念から生じたカルマを解消し、霊性進化を促します。

　カヤナイトはプラスとマイナスの電極を持つことから、ディシーン（"2回"の意味）とも呼ばれ、宇宙のクンダリーニのエネルギーを活性化します。

癒しのパワー

　この石を経絡とお腹の辺に当てると、さまざまな不調がエネルギーレベルで改善します。具体的には、月経前症候群、筋肉の痙攣、インポテンツ、不妊、アレルギー、糖尿病、肝臓や腸の疾患、過敏性腸症候群、慢性的な腰痛、尿路感染症などの症状改善に役立ちます。また、中毒や摂食障害の隠れた原因を究明し、脳のプログラムを組み直し、身体機能の向上をはかります。

変容のパワー

　この石の助けを借りれば、高いレベルで創造性を発揮することができます。なぜなら、あなたは願望実現を後押しする宇宙のパワーとつながることができるからです。ライトボディが日常生活で最小限の努力で最大の効果を発揮できるようプログラミングすれば、あなたは文字どおり新しい世界を創造することができるのです。

石に秘められたパワーを利用する

仙骨のチャクラにこの石を
毎日5分間当てましょう。
創造力と自信がつき、
人生と恋愛を享受することができます。

正しい行動を促す

パライバトルマリン
Paraiba Tourmaline

● **対応するチャクラ**：ステラゲートウェイ、ハートシード、心臓、高次の心臓（胸腺）、第三の目。すべてのチャクラを調整しオーラを守ります。

● **生理学的関係**：胃、喉、眼、顎、胸腺、ろ過器官、代謝系、免疫系、ホルモン系

● **波動**：非常に高い

古来伝わるパワー

　上品な輝きが印象的なパライバトルマリン。偏光特性を持つこの石は、心と魂の奥深くを照らし、内なる存在（神）に光を当てます。トルマリンは鉱物の中ではひときわユニークな存在です。その特性が最初に発見されたのは18世紀ですが、当時は受け入れられず、その後科学的実験により確認されました。

　トルマリンには魔法の力が宿っているように見えます。たとえば、トルマリンの断片を2つピタリと重ね合わせて違った角度から眺めると、透明に見えたり不透明に見えたりします。また、複屈折性を持つこの石は加熱したり摩擦すると電気を帯び、割れると両端が磁石のようにプラス・マイナスの電荷を帯びるのです。

　見る角度によって緑色に見えたり紫色に見えるのは、トルマリンの二色性によるものです。この石の魅力は何といっても銅をベースにした鮮やかな青緑色です。ファセット加工したものは熱処理を加えたことでひときわ鮮やかな色を放ちます。まさに錬金術の賜物といえます。

癒しのパワー

　怒りを手放し相手を赦すよう促します。また、カンフル剤となって体に活力を与え、ろ過作用を助けます。現代のクリスタルヒーリングでは、喉の痛みや扁桃腺炎を緩和し、花粉症を抑え、胸腺を刺激するために用いられます。グリーントルマリンは古くから眼病の治療や、排泄器官の働きを活発にする目的で用いられてきました。また、精妙体から不純物をきれいに取り除いてくれます。

変容のパワー

　慈愛を育てるこの石は美しく輝く心を育て、ハートシードチャクラを開いて地上に無条件の愛を引き寄せます。また、魂レベルで自分や他者を愛する方法を教えてくれます。ステラゲートウェイチャクラを開いて霊性進化を促すこの石は、道に迷った人を正しい道に連れ戻します。また、潜在意識にすり込まれた古い信念、カルマの傷、頭にこびりついた嫌な記憶によって霊性進化の道がふさがれている人は、この石を用いることで障害を徐々に取り除き、自分を赦し、他者を赦すことができるようになります。

石に秘められたパワーを利用する

この石を過去世のチャクラに
毎日2〜3分当てると、
過去世でやり残したことや
未解決の問題が自然に片付きます。

願望を実現させる

ペリドット
Peridot

別名：クリソライト
Chrysolite ［和名：橄欖石(かんらんせき)］

- **対応するチャクラ**：心臓、太陽神経叢
- **生理学的関係**：眼、心臓、胸腺、肺、皮膚、脾臓、胆のう、腸、消化器系、代謝系
- **波動**：粗いものから高いものまであります。

古来伝わるパワー

　8世紀、マインツ大司教はこの石を十二使徒の宝石の一つと呼び、"この石を持って説教すると奇跡が起こる"と言いました。13世紀の『翼の書』——宝石の護符に関する書物——には、ペリドットにハゲワシを彫った護符は"悪魔とその破壊的な力を束縛する"と記されています。このように悪魔の誘惑を退けるために護符を身につける習慣はギリシャ・ローマ時代からありました。

　プリニウスによると、古代ローマ時代に最も珍重されていたのがペリドットでした。当時としては最大の宝石で、柔らかいために鉄のやすりで簡単に加工することができました。この石が発見されたのはプリニウスの時代よりも昔ですが、『博物誌』には次のような記録が残っています。洞窟を根城にしていた海賊は、度重なる嵐と飢えに耐え兼ね、あるときアラビア半島に上陸しました。食料となる根菜類を手に入れるために土を掘っていたとき偶然発見したのがペリドットでした。それ以来、願望実現の石として尊ばれるようになったといわれます。また、大司祭の胸当てに用いられ、新エルサレムの城壁の12の土台に飾られたといわれるこの石は、大天使ラファエルの石で、力天使の領域を支配します。

癒しのパワー

　魔術師のアグリッパによると、ドイツの高等魔術では"太陽の宝石"として崇められ、呼吸器系を整え喘息を癒す効果があるとされていました。また、眼病の治療や分娩の痛みを和らげるために用いられていました。現代のクリスタルヒーリングでは、双極性障害や心気症の治療に用いられます。また、血流量の多い臓器を強くし解毒する作用があるといわれています。

変容のパワー

　アグリッパは、左腕にこの石をくくると、"くだらない想像や憂うつな気分、愚かな考えを追い払う"ことができると言っています。また、古くから精神障害を克服し、心理的な束縛を取り除いて精神を明晰にするといわれます。さらに、霊的磁気を引き剥がし、マイナス思考を解消するといわれます。そして内なる導きを得て高次の存在の叡智にアクセスする方法を教えます。また、なんでも人のせいにする人には自分の行動に責任を持つよう強く促します。恨み、嫉妬、怒りなどにとらわれている人は、この石と瞑想することで徐々に本来の自分を取り戻し、現状に満足し感謝するようになるでしょう。さらに、赦しと洞察力を象徴するこの石を用いれば、自分の過ちを素直に認め、無気力症を克服することができます。人生の道に迷った人は、この石を身につけることで自分が歩むべき道を思い出すことができます。

石に秘められたパワーを利用する

まず五角形の星を描いて、
各先端にこの石を置きましょう。
次に、星の真ん中に目を向け、
自分の願いが叶った場面を想像してください。
しばらく意識を集中させた後、意識をそらします。
これを繰り返すうちに、願望が実現します。

宇宙意識との同調をもたらす

ペタライト
Petalite ［和名：葉長石］

●**対応するチャクラ**：ソウルスター、ステラゲートウェイ、宝冠、ソーマ、第三の目
●**生理学的な関係**：精妙体、循環器、細胞記憶、三焦経、眼、腸、代謝系、内分泌系
●**波動**：きわめて高い

古来伝わるパワー

　ウォルト・ホイットマンは宇宙意識を"言葉や絵では表現できない稀有な光"と呼びました。まさにペタライトを描写するのにピッタリの表現です。この世のものとは思えない美しい石に触れた瞬間、個としての"自分"は消え、全知者と融合するのです。この石を手に持つと高次の意識に目覚め、深い霊的洞察が得られます。"天使の石"として知られるこの石は持ち主を天使の領域とアセンデッドマスターにつなげます。

　第三の目を開き、喉と宝冠のチャクラをつなげるこの石は、あなたがこれまで得た霊的洞察や究極の真理を第三者と分かち合うよう促します。また、カルマを完全に解消して精妙体を浄化します。特にこの石を浸けた水で過去世のチャクラとソーマチャクラをこすると、精妙体を完全に浄化することができます。さらに、家系全体に癒しが必要なときは何代も前に遡って祖先を癒し、新しいエネルギーを未来に伝えて子孫繁栄を約束します。

　今世での家族との縁や過去世からの縁を切ることでカルマを解消し、無条件の愛と赦しを引き寄せたいときは、ピンクペタライトを手に持って縁が切れる場面を想像しましょう。次に、自分と相手の高次の自己を呼んで、なぜ縁を切りたいのか説明してください。そうすれば望みどおり縁を切ることができます。ただしこの場合、縁を切るというのはあなたと相手をつなぐ負のエネルギーを断ち切るという意味で、無条件の愛まで断ち切るわけではありません。一方、あなたの高次の自己は、この地上だけでなく高次の領域でもあなたが望んだとおりに縁が切れるよう約束してくれます。こうしてあなたの魂も相手の魂も本来の自由を取り戻し、進むべき道を歩んでいくことができるのです。

癒しのパワー

　形而上学的な面で松果体と下垂体の働きを調和させます。また、代謝システムを高次の波動に同調させ、細胞記憶を調節し、精妙体を浄化します。

　ガン患者やエイズ患者がこの石を用いると、病気になった理由を霊的側面から知ることができます。また、細胞膜を活性化して健康を促進し、変化への抵抗感を穏やかに解消します。クリスタルヒーラーはこの石を用いて眼、肺、筋肉、腸を癒します。さらに、成分の一つであるリチウムには憂うつな気分を一掃する作用があります。感情面での癒し効果に優れたこの石は、"自分は見捨てられた、嫌われている"といった被害者意識を穏やかに解消し、あなたの魂を真の魂の家族と再会させてくれます。

変容のパワー

　宇宙意識とつなげることで、魂の幅の広さと高次の現実の大きさに気づかせます。穏やかな性質を持つこの石はあなたの霊性進化を加速させます。

石に秘められたパワーを利用する

この石と瞑想すると霊的光明と
宇宙意識を物質世界に引き寄せ、
人類と地球の霊性進化を
加速させることができます。

古代の記憶と叡智を有する

ペトリファイドウッド

Petrified Wood ［和名：珪化木(けいかぼく)］

- **対応するチャクラ**：アーススター、基底、仙骨、太陽神経叢、高次の心臓（胸腺）
- **生理学的関係**：免疫系、関節、筋肉、骨、足、運動性、腰、神経系、肺、老化、分解、石灰沈着、睡眠、12束DNA
- **波動**：粗い。波動の高い石をグラウンディングさせます。

古来伝わるパワー

　その昔、神々や魔女が魔法を使って樹木を石に変えたのがペトリファイドフォレスト（珪化木の森）だといわれます。インドの伝説では、珪化木はヒンドゥー教の最高神ビシュヌによって命を奪われた悪魔の骨であるとされています。また、オランダには次のような民間伝承があります。ある日、たくさんの善良な妖精たちが太陽からやって来て地上に住み始め、樹木に姿を変えました。樹木は癒しのパワーを宿していましたが、やがて切り倒されて土に還り、そのおかげで大地が安定したといわれます。

　ペトリファイドウッドは過去世の探求に最適で、年輪の一つひとつをリーディングすればあなたの過去世が明らかになります。

癒しのパワー

　体の核を安定させ、良質のエネルギーを効率よく体内に取り込みます。現代のクリスタルヒーリングでは、体が不自由なために動き回ることができない人々を癒すために用いられます。高次の心臓のチャクラに当てると、肺の働きが活発になって酸素摂取量が増え、精妙体と肉体が新しいエネルギーを吸収します。その結果、慢性疲労症候群が回復し、病後の健康回復が早まります。また、カタルシスが起きたときや精神的な重圧に押し潰されそうになったときにこの石を握りしめると、心が安らぎ精神が安定します。さらに、遺伝的記憶がDNAの潜在力を妨げているときは、この石が細胞を構成する分子を活性化し、DNAの潜在力を引き出します。

変容のパワー

　霊的錬金術を象徴するこの石はさまざまな鉱物を豊富に含んだ地下水の中で生成されました。火山灰が混じった水に浸かると木の分子は二酸化珪素に変質するため有機物の痕跡は残りません。しかし年輪とフシはきれいに残り、鉱物の不純物が美しい色合いを醸しだすのです。転生を繰り返すことで魂が磨かれるように、石も磨きをかけることで美しい色合いが保たれます。この石は持ち主の魂の強さと美しさを象徴するといわれます。

　霊性進化の途上で厳しい試練を乗り越えられるようサポートし、試練は魂の学びの場であることを教えます。また、あなたという存在の核を覆う皮を1枚ずつ剥がしながら、霊的成長に必要なものは残し、不要になったものは手放すよう促します。

　地上で快適に暮らせるようサポートするこの石は、あなたの魂もいつかはこの世を去り、高次の世界へ昇華する日がくることを伝えます。そして、その日が来るまでは、地上で善行を尽くすよう促します。古代の叡智に敬意を表しながら品格を磨き、この地上での生を全うする生き方を教えてくれるのです。

石に秘められたパワーを利用する

この石を手に持つと、
しっかり地に足をつけたまま、
魂は多次元を探求し
霊的光明とつながることができます。

高次の意識とつながる

フェナサイト・イン・レッドフェルドスパー

Phenacite in Red Feldspar

- **対応するチャクラ**：すべてのチャクラを開いて癒し、活性化します。
- **生理学的関係**：エーテル体の青写真、筋肉
- **波動**：粗いものときわめて波動の高いものがあります。

古来伝わるパワー

並はずれたパワーで人生を大きく変え、無限の可能性に目を向けさせるフェナサイト・イン・レッドフェルドスパー。希少価値の高いこの混合石はフェナサイトの高い波動と霊的洞察力を、地球の核とつながるレッドフェルドスパーの波動と統合することで、高次の情報を物質世界に取り込みます。この石本来のきわめて高い波動は地球のレベルに落とされていますが、波動の純度の高さはしっかり保たれています。また、効力という面では混合石のほうが強力ですが、手に入らない場合は2つの石を一緒に用いるといいでしょう。フェナサイトを選ぶときは手に取って一番強い波動を感じるものを選んでください。

フェナサイト（右ページ写真の左側）は"詐欺師の石"とも呼ばれますが、これは見た目がダイヤモンドに似ているためによく間違われるからです。19世紀以前はロシアが主要な産地でしたが、米国コロラド州産のものも美しい宝石にカットされて流通していました。近年きわめて高い波動を持つことがわかってきたため、この石の価値はここ20年ほどで急上昇しました。

フェナサイトは複屈折性を示します。物事の本質を見極め、最高次の意識から取り込んだ情報を物質世界に伝えるといわれます。また、アセンデッドマスターとアカシックレコードにつながるフェナサイト・イン・レッドフェルドスパーは予知夢の深い意味を明らかにするので、ドリームワークにも最適です。

素朴な感じのレッドフェルドスパーは肉体と精妙体に働きかけ、エーテル体の青写真に刻まれた過去世の否定的なパターンを取り除きます。また、肉体がよりダイナミックに、活動的に機能するよう準備を整えます。

癒しのパワー

エーテル体の青写真を癒します。多次元的に細胞を癒し、神経伝達物質の分泌を促進することで、体内の細胞を活性化します。首に当てると記憶力が増し、筋肉のトラブル解消に効果的です。

変容のパワー

霊性進化の道を歩み始めるようタイミングよく背中を押してくれます。そして、至高善と完全に同調した行動を促します。私はこの石を"キック・アス"（"お尻を蹴飛ばす"の意味）と名づけました。まさに文字どおりの効果が期待できるからです。たとえば、何者かが自分の霊性進化を邪魔していると感じたらこの石をそばに置いてください。招かれざる客——人間や霊——のお尻を蹴飛ばして追い払い、霊性進化を阻む原因を一瞬のうちに解消してくれます。そして、魂の目的を思い出させ、あなたにとっての現実世界を劇的に変えます。霊性進化のプロセスは本来喜びに満ちたものであることを教えてくれるのです。

石に秘められたパワーを利用する

あなたの意識が
霊光に昇華するスピードを速め、
霊性進化を阻む足かせを取り外します。

動物を癒す

ポピージャスパー
Poppy Jasper

●**対応するチャクラ**：アーススター、基底、仙骨、太陽神経叢。すべてのチャクラの働きを調整しオーラを強くします。
●**生理学的関係**：循環器系、消化器系、性的能力、生殖器、肝臓、胆管、ミネラルの吸収
●**波動**：粗い

古来伝わるパワー

　カラフルなジャスパーに含まれる赤い斑点はまるでケシ（ポピー）のお花畑のようです。追憶を象徴するこの石はエネルギーを穏やかに放射するときと強烈に放射するときがあります。古来、アメリカ先住民が神聖視してきたこの石は強い守護力を持つことで知られ、ストーカーを追い払い、過去の関係を清算するのにきわめて有効です。

癒しのパワー

　月経時や傷口からの出血を抑える働きがあります。また、氣の流れをよくし、脈拍を安定させます。肝臓や胆管に当てると、エネルギーの詰まりを解消します。基底と仙骨のチャクラに当てるとインポテンツを治し、安産をもたらし、オーガズムを迎えられない心理的原因を解消するといわれます。さらに、卵管の辺りに当てると妊娠しやすくなります。特に心身症的な原因による卵管の閉塞によって精子の動きが鈍っているときや、もともと精子自体に元気がない場合に有効です。また、過剰な性欲を抑えたり、欲求不満を解消する作用がある一方で、逆に情欲をかきたてたり、衰えた性欲を取り戻す効果もあります。
　ペットのお守りにも最適です。飼い主の臓器やチャクラの上に当てると遠隔地にいるペットを癒すこともできます。動物の不調の大半は心身症的なものです。この場合飼い主の不調を改善すればペットの不調も改善します。ペットが飼い主の身代わりになって悪い氣を受けることがよくあるからです。たとえば、猫は強いジオパシックストレスや電磁ストレスの影響を受ける場所を選んで座ります。これは悪影響から飼い主を守ろうとするからです。ペットが普段寝る場所に大きめのポピージャスパーでグリッドを作ればペットの健康を守ることができます。ただし、グリッドに用いるときは頻繁に浄化するようにしてください。場合によってはスモーキークォーツかブラックトルマリンの助けを借りることも必要です。

変容のパワー

　理不尽な要求を突きつけられたときや問題が大きくなる前に対策を講じる必要があるときは、この石が有効です。トラブルの根本原因と素直に向き合うよう促し、満足のいく解決策が見つかるまで、毅然とした態度で問題に立ち向かうだけの忍耐力とスタミナを与えてくれます。

石に秘められたパワーを利用する

ポケットの中に1個忍び込ませるか、
枕の下に置きましょう。
体調を崩したときや入院したときに
健康回復を早めます。

古代の癒しを今に伝える

プレセリブルーストーン
Preseli Bluestone

- **対応するチャクラ**：ソーマ、大地、基底、仙骨、過去世、高次の心臓（胸腺）
- **生理学的関係**：海馬状隆起、神経伝達物質、喉、耳、免疫系、電気系
- **波動**：粗いものと高いものがあります。

古来伝わるパワー

　強力な癒しのエネルギーを放射し、多次元への入り口を作るプレセリブルーストーン。英国の世界遺産ストーンヘンジにも使われているこの石——ドレライト（粗粒玄武岩）の一種——は200マイル以上も離れたウェールズのペンブルックシャーから運ばれてきたものです。当時はまだ車輪が発明されていなかったことを考えると、この長距離輸送自体が奇跡といえます。この石を運んだのはアーサー王伝説に登場する魔法使いマーリンだという説もありますが、実際には5千年以上も前からストーンヘンジの外側の溝に使われていました。この外側の溝はオーブリーホールとも呼ばれ、月の位相と満ち欠けを描いています。プレセリブルーストーンは夢見を促し、太古の記憶を蘇らせるといわれます。また、病人がストーンサークルの間を通り抜けると病気が治るという言い伝えもあります。実は最近、年代的にもっと古いプレセリブルーストーンの環状列石がストーンヘンジ付近で発見されました。考古学者の間では、この円陣状の立石はストーンヘンジ（祖先を祭る墓場）とダーリントンウォール環状集落（ストーンヘンジ建造者の集落）を密接につないでいたという説が有力です。このようにプレセリブルーストーンは祖先と強いつながりを持ち、多次元の探求に最適の石とされています。また、魔法使いの元祖ともいえるマーリンのエネルギーとつながり、誰の中にもあるシャーマンのパワーを引き出すといわれています。

　地電流とつながり、強い磁気を帯びるこの石は、地球を癒し、古代の叡智を今に伝えます。この石を用いると波動への感受性が高まり、クリスタル、経絡、音などが発する波動に敏感になります。ブルーストーンの中にはリソフォン（石琴）に用いられるものもあります。

癒しのパワー

　経絡を整えエネルギーの調和を回復するこの石は肉体と精妙体の中心を貫くエネルギーラインを安定させます。また、胸腺に当てると精妙体の免疫が強化されます。後頭部の底部に当てると脳幹の働きを整え、内なる羅針盤といわれる海馬状隆起を活性化します。さらに、地球のエネルギーに調和をもたらすこの石は電磁スモッグや人工光による環境汚染を緩和します。経験豊かなヒーラーの指導の下でこの石を用いると、深いレベルでカルマを癒すことができます。また、この石をチョーク（右ページ写真の左側）と一緒に用いると肉体や地球のエネルギーが枯渇したときに強力なパワーを充電することができます。

変容のパワー

　霊性進化の途上で道に迷った人に今世の目的を再確認させます。また、集中力と意志の力を高めどんな逆境にも落ち着いて対処できるよう応援します。さらに、魂の一部や感情のエネルギーが過去世に置き去りにされた場合でも、過去へのこだわりを捨て、今この瞬間を精一杯生きることができるようサポートします（注：使用中に頭痛がしたときは、石または自分の体の向きを変えてこの石の磁気を地球の磁気と共鳴させてください）。

石に秘められたパワーを利用する

ソーマチャクラか後頭部の底部に
この石を当てると、
時を超えて過去や未来にアクセスし、
古代の叡智に再接続することができます。

量子ヒーリングの石

クォンタムクアトロ
Quantum Quattro

- **対応するチャクラ：**すべてのチャクラ、特に高次の心臓（胸腺）、ハートシード、第三の目、太陽神経叢
- **生理学的関係：**細胞構造、細胞間構造、血液循環、膵臓とインシュリンの分泌、甲状腺と代謝過程、免疫系、耳、肺、心臓、消化管、DNA
- **波動：**高い

古来伝わるパワー

クォンタムクアトロが流通し始めたのはごく最近ですが、その成分は古くからヒーリングストーンとして用いられてきたさまざまな石です。マラカイトやスモーキークォーツは邪気を払いのけ、優れた浄化作用を持つことで知られます。クリソコラ、ダイオプテーズ、シャッタカイトは体力を強化し、エネルギー伝導作用によってオーラを強くします。こうした石には精妙体のDNA情報を修復し、不調をもたらす遺伝子コードのスイッチを切る働きがあります。また、クォンタムクアトロは魂を手厚く守ります。さらに、混合石すべてに言えることですが、この石の特性を見ると"全体は部分の総和に勝る"ことがよくわかります。人間のエネルギー場と量子場を調和させ、願望実現力を高めるこの石を用いれば頭に描いたことが実現します。

ヒーリング目的で用いるときは、自分自身や人に対して先入観を持たないよう気をつけてください。頭から決めつけたり優越感を持つと関係者全員の波動が下がり、ヒーリング効果が薄れてしまうからです。

癒しのパワー

量子場を調整し、心と体を多次元的に癒します。癒しの万能選手であるこの石はほとんどどんな症状も改善します。現代のクリスタルヒーリングでは、代謝機能を整え、精妙体の遺伝子プログラムを修正するために用いられます。これにより12束DNAが活性化し、不調の原因となる遺伝子を排除することができるのです。また、真菌感染症にも有効とされています。

ほかの石によって誘発されたカタルシスを穏やかに収束させます。これはこの石に余分なエネルギーを吸い取って放出する働きがあるからです。この石を携帯すると痛みや病気を予防することができます。感情面では、悲しみを癒し、不調を招く心身症的な原因を取り除きます。また、視力を回復し、催眠術による心理操作を排除し、カルマの傷やインナーチャイルドを癒す働きもあります。さらに、無条件の愛を引き寄せ、過去に見捨てられたことによって傷ついた心を癒してくれます。環境を清浄に保つのにも効果的です。

変容のパワー

太陽神経叢と第三の目に当てると心、体、霊性が調和し、意識の拡大が進みます。また、形而上学のワークにこの石を用いると、霊性を高めることができます。さらに、カイシング――高次の霊的存在との情報交換――を促進する一方で、霊的存在に支配されないよう守護してくれます。至高善を目的として生きるあなたを助け、量子ヒーリングによる恩恵を受けるための道筋を示してくれます。

石に秘められたパワーを利用する

この石で病床の周囲にグリッドを作ると、
体調が良くなり、
免疫系の働きによりＴ細胞が増殖します。

エネルギーを増幅させる

クォーツ

Quartz ［和名：石英］

- ●対応するチャクラ：すべてのチャクラ。オーラを浄化し、拡大します。
- ●生理学的関係：肉体と精妙体のすべての器官と組織、ミネラルの吸収
- ●波動：種類によって粗いものからきわめて高いものまであります。

古来伝わるパワー

　アメリカ先住民の間には昔、赤ん坊のゆりかごにクォーツを入れる習慣がありました。赤子が母なる大地とつながることを願ったのです。また、8千年前に建造されたエジプトの神殿では大きなクォーツのポイントがいくつも発見されています。さらに、紀元前8世紀のギリシャの神官・オノマクリトスは、クォーツのパワーには神もあがらえず、この石を手にして神殿で祈ればどんな願いも叶う、と述べています。古代文明では水晶占いに用いられ、マヤ文明では水脈探しに使われていたようです。一方、1世紀のキリスト教神秘思想家・ティエラのアポロニウスは、水晶玉を使って自分の姿を意のままに消したり現したりすることができたといわれ、カエサルもそれを目撃したと伝わります。

　プリニウスは、クォーツの多くには欠点があると嘆きました。たとえば、"荒々しい兵士の風貌を思わせるイボやコブ"、水晶内部に見られるミネラルの沈澱、"塩のような斑点"が混じった赤茶色の錆び、内包された繊維……。しかし現代のクリスタルヒーリングでは、こうした"欠点"は逆にクォーツの特性をさらに高める貴重な要素とみなされているのです。

　クォーツは二酸化珪素が結晶してできた鉱物です。二酸化珪素は地球や人体に最も多く含まれる元素です。"上の如く下も然り"を象徴する二酸化珪素は、細胞に十分な酸素を行き渡らせて健康を維持するために必須の元素です。ある意味、免疫系と地球の礎石といえます。癒しの万能選手ともいえるこの石は、エネルギーを増幅させ健康を促進します。アシュモールが著した中世の貴石誌には、クォーツには喉の渇きを抑え、男性を"好色"にする作用があると記されています。

癒しのパワー

　古代人はクォーツを水に浸けて癒しのパワーを転写しました。プリニウスの時代には医者は水晶玉で傷口を焼灼したという記録が残っています。ちょうど虫眼鏡で太陽光を集めて紙を焦がすような感じです。また、体から少し離して持つと水ぶくれが治ったといわれます。

　体のバランスを整えどのような症状も改善します。また、血圧を正常に保ち、細胞組織にくまなく酸素を供給して細胞を蘇らせます。さらに、代謝機能や血管を強化し、関節の伸縮性や結合組織を強化します。抗炎症作用や解熱作用もあるこの石は、エネルギーの詰りや有害物を取り除き、体内の波動構造を再調整します。

変容のパワー

　この石の内部は魂と宇宙の叡智をダイナミックに映し出すホログラム構造になっています。アメリカ先住民はこの石を母なる大地の脳細胞にたとえました。豊かさをもたらすこの石は持ち主がいま何を求めているのかを直観的に察知できるようです。持ち主の波動に同調することで、否定的な力を払いのけ良性のエネルギーを増幅します。さらに波動を調整して霊性意識を高めます。魂を深いレベルで浄化するこの石は、カルマによる不調の芽を摘み取り、否定的な感情を取り除いて、心のバランスを整えてくれます。

石に秘められたパワーを利用する

体の調子が悪いところに当ててください。
体全体の調子が整い、
エネルギーのバランスが回復します。

驚異のパワーを持つ

ケセラ
Que Sera

別名：ラーナイト
Llanite ／ Llanoite

- **対応するチャクラ：**アーススター、基底、仙骨、ステラゲートウェイ。丹田にある高次の仙骨のチャクラを活性化します。
- **生理学的関係：**精妙体のエネルギーシステム、精妙体と肉体の経絡、肉体のすべての器官と組織。
- **波動：**粗い波動ときわめて高い波動を同時に持ち合わせています。

古来伝わるパワー

　ブラジル産のケセラはブルークォーツ、フェルドスパー、カルサイト、カオリナイト、鉄、マグネタイト（磁鉄鉱）、リューコゾーン、クリノゾイサイトなどさまざまな鉱物が混ざった石で、メガフォースのパワーとつながっています。メガフォースとは多次元世界を創造し、今もなお宇宙の進化を推進する力です。また、この石はバッテリーのように持ち主のエネルギーを充電してくれます。さらに、この石を用いると自分にとっての幸せを見つけることができます。一方、エネルギーの性質という面では米国テキサス州で産出されるラーナイト・ライオライトに似ていますが、ケセラに比べて波動が粗く、同じ青とピンクのインクルージョンを示します（p. 96のアスワングラナイトを参照）。

癒しのパワー

　良い氣に満ちたこの石は精妙体と肉体の経絡と器官にパワーを充電しそのバランスを整えます。体の調子が悪い箇所にこの石を当てると効果てきめんです。まるで体が電源コンセントに差し込まれたように全身がしゃきっとします。神経伝達物質を活性化してエネルギー回路を最適化する働きがあるからです。ヒーラーはこの石を用いてクライアントのエネルギーのマトリックスを調べ、不調をきたしている箇所を発見します。そして発見した箇所にこの石を数分間当てることで体調を改善し、体内の細胞・エネルギー構造を正常な状態に回復させるのです。また、この石はダウジング棒の役割も果たします。体の患部に当てるとピクッと動きます。さらにグリッドを作ると、感受性の強い人が影響を受けやすい電磁スモッグやWi-Fi（ワイファイ）から出る電磁波を遮断することができます。

変容のパワー

　この石を用いると自分の力を信じて生きていくことができます。世間から"いい人"に見られようとしてどこか無理をして生きてきた人に、自然体で生きていく方法を教えます。周囲の期待を一身に背負い、頼まれたらイヤと言えない性格の人は、この石をポケットに忍ばせておきましょう。これまでの義務感から解放され、本当の意味で周りの人たちのためになることができるようになります。また、トラブルが発生したときは、いつまでも悩んでばかりいないで前向きに解決策を探すよう促します。

　ケセラはスペイン語で"なるようになる"という意味ですが、未来は自分の手で作り上げるものです。この石の助けを借りれば、魂の目的を記録したアカシックレコードとつながり、あらゆる可能性を知ることができます。あなたにとって最もふさわしい霊性進化の道しるべを示してくれるこの石をそばに置いておけば、間違った道を歩む心配はありません。あるのは学びだけです。ただし、学びのスピードは人によって異なります。極端な話、一瞬ですべてを学んでしまうこともあり得るのです。

石に秘められたパワーを利用する

丹田の辺りにある高次の仙骨のチャクラに
この石を当てて深呼吸すると
全身に活力がみなぎります。

慈愛の心を育てる

ロードクロサイト

Rhodocrosite ［和名：菱マンガン鉱］

- **対応するチャクラ：**心臓、高次の心臓（胸腺）、ハートシード、ソーマ。太陽神経叢と基底のチャクラを浄化します。
- **生理学的関係：**眼、腎臓、肺、胸腺、循環器系、代謝系、泌尿生殖系
- **波動：**不透明か宝石質かによって、粗いものから高いものまであります。

古来伝わるパワー

　無償の愛と慈愛を象徴するロードクロサイト。この石を用いると内在神の存在に気づきます。マンガンを主成分とする炭酸塩鉱物で、ピンク、赤、白の渦巻き模様が特徴です。インカ帝国ではインカローズと呼ばれ神聖視されたこの石は、歴代の国王や女王の血が固まってできたものだと信じられていました。アンデス山脈の奥深くの洞窟では、母なる大地の心臓の鼓動を200年に1度だけ聞くことができるといわれます。インカ族は心臓の形をしたロードクロサイトの巨岩を何千年も前から神聖視してきたのです。

　アルフォンソ10世の頃に編纂された『貴石誌』には*Almartac*という名の収斂性を持つ石が載っています。浄化作用と乾燥作用を持つとされるこの石は実はロードクロサイトではないかといわれています。かゆみを和らげ、蝋と混ぜると潰瘍を癒し、傷口の膿を取り除き、優れた鎮痛作用を発揮すると記されています。また、錬金術に使われていたことは間違いなさそうですが、残念ながらその秘法には触れられていません。

　米国コロラド州アルマのスイートホーム鉱山では、ここでしか見られない希少価値の高い豪華なロードクロサイトが産出されます。

癒しのパワー

　この石の成分であるマンガンは人体にとって必須の元素で、強力な抗酸化作用と代謝促進機能を持ちます。また、骨の発育、細胞組織の修復、ミネラルの吸収に不可欠です。しかしその反面、多量に摂取すると毒性を持つので注意が必要です。少量でもロードクロサイトはきわめて強い癒し効果を発揮しますが、この石は常にバランスを取ろうとするので、持ち主に過剰な癒しのエネルギーを与える心配はありません。

　心臓や循環器の働きを助け、肺に溜まった異物を除去するといわれます。また、後頭部の底部に当てると、血管が広がり、片頭痛が治り、血圧が安定するといわれます。さらに、宝石質のロードクロサイトはストレスが原因と見られるガンや不調を癒すといわれ、エーテル体の青写真のプログラムを健康なパターンに書き換えるために古くから用いられてきました。

変容のパワー

　慈愛と無条件の愛を育みます。宝石質は高次の波動を持ち、ハートシードチャクラを開いて創造主の愛を引き寄せます。また、過去世のヒーリングに最適で、心臓の辺りに当てると成長とともに不要になった人間関係を穏やかに断つことができます。また、ソーマチャクラに当てると、アカシックレコードを読んでこの世に生まれてきた目的を再確認することができます。

石に秘められたパワーを利用する

この石に願いを掛ければツインフレームを
引き寄せることができます。
ツインフレームとは無条件の愛で
お互いを支え合う魂です。

情緒を安定させる

ロードナイト

Rhodonite ［和名：ばら輝石］

- ●対応するチャクラ：心臓、高次の心臓（胸腺）、ハートシード、太陽神経叢
- ●生理学的関係：心臓、皮膚、神経系、呼吸器系
- ●波動：粗い

古来伝わるパワー

　ギリシャ語で"薔薇"を意味する*rhodon*が名前の由来とされるロードナイト。鮮やかな2色の発色原因は黒と白のマンガンです。愛する心を育てるといわれ、この石で作った大皿は帝政ロシアの時代、王室の結婚式の贈り物に用いられていました。

　情緒を安定させ心臓のチャクラに詰まった心の傷を癒すこの石は、虐待傾向や自己破滅願望を穏やかに解消します。また、友愛を唱え、トラブルが起きたときは物事の両面に目を向けるよう促し、和解へ導きます。たとえ人から侮辱されても報復や仕返しはエネルギーの無駄遣いであることに気づかせます。さらに、精神的に大きなダメージを負ったときはこの石を持つと心が落ち着き、パニック症候群を克服することができます。どんな逆境に直面しても平常心で乗り切れるようサポートしてくれます。

癒しのパワー

　成分のマンガンは傷口を癒し、虫刺されによるかゆみを和らげ、骨の成長を促します。古くから潰瘍の治療に使われてきたこの石は関節リュウマチなどの自己免疫疾患に有効とされています。また、関節炎を抑え、肺気腫の症状を緩和するといわれます。耳の後ろに当てると、可聴周波数が広がって聴覚が改善し、耳鳴りが治ります。現代のクリスタルヒーリングでは、この石またはこの石を浸けた水は、肉体、感情、精神、霊性の各面でトラウマを癒す応急処置として用いられます。

　心臓のチャクラにローズクォーツ、ハートシードチャクラにタグチュパイト、高次の心臓のチャクラにロードクロサイトを当てると、失恋の痛みが癒され、高次の心臓とハートシードチャクラが開いて無条件の愛を引き寄せることができます。また、ロードナイトで作ったグリッドの中に横たわると、虐待の記憶や心の傷が消え、過去世から続く心のしこりを取り除くことができます。その結果、自分自身や相手を愛し、赦す心が芽生えます。

変容のパワー

　この石の教えによると、感情とは気持ちに対する私たちの反応であり、心が主観的な価値づけ──たとえば、"快い"とか"不快だ"──をするまではそうした気持ち自体は中立的なものです。ところが同じような価値づけを過去世から繰り返していると、感情の発露が妨げられる場合があります。この石はこうした傾向を改め、これまでのパターンに縛られない自由な感情の発露を促します。この域に達すると、自分自身や相手を無条件で愛し、受け容れることができるようになります。また、この石は自信を植え付け潜在能力をフルに発揮させます。さらに、過剰な性欲をお互いをいたわりあう性的エネルギーに変換し、愛し合う二人のタントリックなエネルギーの結合を助けます。

石に秘められたパワーを利用する

この石を心臓の辺りに当てると
精神が安定します。
大切なのは、心の中に生じては消えていく
さまざまな感情をあるがままに
受け止めることです。

無償の愛を育てる

ローズクォーツ

Rose Quartz ［和名：紅水晶］

- ●**対応するチャクラ**：心臓、高次の心臓（胸腺）、ハートシード
- ●**生理学的関係**：心臓、血液、血液循環、胸腺、肺、甲状腺、皮膚、脳幹、生殖系、リンパ系
- ●**波動**：粗いものと高いものがあります。

古来伝わるパワー

　無償の愛を育てるローズクォーツ。中世の頃、プラハの聖ヴェンツェスラウス教区教会にはこの石が使われていました。教会の守護聖人はチェコで敬愛されていた聖ヴェンツェスラウスです。

　心を癒し人間関係を改善し、愛と調和を引き寄せます。オーラと心臓を守るこの石を手に持つと、心臓と精妙体に愛の波動を引き寄せることができます。また、第三の目を刺激し、水晶占いの能力を高め、透視能力を開花させます。

癒しのパワー

　心臓に良い影響を与えるとされるこの石はヒーラーに重宝されています。心の奥にしまい込んだ感情を解き放ち、心の痛みを解消することで、心身症や不妊症を予防します。共感マジックの原理では、濃いピンクは血液の循環をよくし、不純物を除去する働きがあるといわれます。穏やかな波動を持つこの石は脳の働きを整え、神経伝達物質を再構築して新たな神経経路を開きます。それによって認知症、アルツハイマー病、パーキンソン氏病などが改善するとされています。また、高次の心臓のチャクラに当てると、喘息や呼吸困難を和らげるといわれます。

変容のパワー

　中年期の自信喪失期やトラウマを経験したときに情緒を安定させます。物事を冷静に客観的に判断し、感情に押し流されることのないよう支えます。また、罪悪感や苦しみを解消するこの石は、自分を受け容れ、過去を清算し、自分の心に正直に生きることの大切さを説きます。さらに、精神的な緊張からくる体の不調に気づかせます。不調をきたしている箇所を見つけるには、まずこの石を手に持ってゆっくり息を吸って吐きます。息を吐いた瞬間の静けさにしばし浸った後、体の声に耳を傾けましょう。不調をきたしている箇所がわかったらもう一度ゆっくり息をして、癒しの愛を患部に引き寄せます。このとき石を直接患部に当ててもいいでしょう。

　希少価値の高いエレスチャルローズクォーツとジェミーローズクォーツは無条件の愛を地球に引き寄せます。常に前向きな選択をし、周りの人々に慈愛に満ちた無条件の愛を注げば、結果的に自分の波動を高めることになるのです。高次の心臓とハートシードチャクラにこの石を当てると、あなたは宇宙の心臓へ移動することができます。そこにはカルマも過去世も来世もなく、あるのは今この瞬間だけです。そしてそこからさらに、愛に満ち溢れたあなた自身の心の神殿へと移っていくのです。

石に秘められたパワーを利用する

無力感に苛まれたり、自分は誰からも
愛されていないと感じたときは、
この石を手に持ってください。
前向きに人生を歩み、人から愛され
受け容れられていた過去の自分を
思い出して元気がでるはずです。

悲しみを癒す

ルビー・イン・ゾイサイト
Ruby in Zoisite

別名：アニョライト
Anyolite

- **対応するチャクラ**：基底、仙骨、心臓、宝冠
- **生理学的関係**：精巣、卵巣、心臓、循環器系、膵臓、肺、睡眠障害、ストレス、酸性化バランス
- **波動**：粗いものと高いものがあります。

古来伝わるパワー

ルビー・イン・ゾイサイトは混合石特有のシナジー効果を発揮します。ルビーは熱くて、活動的で、情熱的なもの——活力、熱望、性欲、攻撃性、自己主張、男らしさ——を象徴し、ゾイサイトは中庸や無欲を象徴します。

ルビーは戦争、危険、攻撃から身を守るためのアミュレット（お守り）として用いられてきた歴史があります。ギリシャの昔話によると、ある日、足の不自由なコウノトリを助けた女性はお礼にルビーをもらいました。そのルビーは夜でも彼女の部屋を煌々と照らしたといいます。また、メソポタミア神話に登場する多産・性愛・戦争の女神アシュタルテが持っていたルビーはその超常的な光で女神の神殿を照らしたといわれます。さらに、その光で天空を照らし、輝く星となった死者の魂を見守ったと伝わります。このようにルビーは古くから優しさ、養育、死と関連づけられ、暗闇を照らす石とされてきたのです。

こうしたルビーの特性がゾイサイトに内包されたのがこの混合石で、感情と霊性を深いレベルで変容させ、人々の悲しみを癒し、遺族を慰めるといわれます。ゾイサイトを用いるといつも本音で語れるようになり、第三者の影響力を退けることができます。一方、ルビーは不正義に立ち向かう勇気を与えてくれます。

癒しのパワー

漢方では悲しみは肺に悪影響を与えるとされます。この混合石はストレスや悲しみが原因による不調や鬱血を改善します。また、憂うつな気分や無気力の原因について洗いざらい話をさせて気持ちを楽にさせます。古代文明では熱、炎症、出血を抑えるために用いられていましたが、それはルビーも発熱で紅潮した患者も赤い色をしていたからだと考えられます。1584年にイワン雷帝はルビーは記憶力を高め、"凝血塊を溶解し、血をきれいにする"と述べました。現代のクリスタルヒーリングでは、血液と血液量の多い臓器に溜まった毒素を体外に排出し、排泄器官、心臓、循環器の働きを高めるために用いられます。また、この混合石はエネルギー体に作用してオーラを強化し、多次元的に細胞を癒します。さらに、患者に一日も早く病気を治したいという強い意志を持たせます。

変容のパワー

ルビーは悲しみから立ち直ろうとする魂を支えます。魂を根底から癒すルビー・イン・ゾイサイトは魂の記憶を活性化し、感情の発露を妨げている原因を取り除きます。怒りなどの自己破滅的な感情を強いプラスの意志に変えることは、他者への思いやりと慈愛を持って生きていくことにつながります。また、この石は人生で味わう喪失感や敗北感の背景にある意味に気づかせ、自分と同じようなつらい立場にある人をいたわり慈しむ心を育てます。さらに、プラス思考で情熱を持って生きていけるようサポートしてくれます。この石を手に持つと、自らの個としての存在を認識しながら、存在の総体とのつながりを実感することができます（p. 202のタンザナイト／ラベンダーブルーゾイサイトを参照）。

石に秘められたパワーを利用する

悲しみに暮れている人は
この石を心臓の辺りに当てましょう。
霊的な安心感と解放感に包まれ、
人生で情熱を傾けるものが
新たに見つかるでしょう。

優れた浄化作用を持つ

ルチルクォーツ
Rutilated Quartz ［和名：針水晶］

- **対応するチャクラ**：すべてのチャクラをオーラ体と調和させます。
- **生理学的関係**：甲状腺、副甲状腺、細胞構造、血管、泌尿器系、呼吸器系
- **波動**：粗いもと高いものがあります。

古来伝わるパワー

　ルチルクォーツのパワーの源はルチルです。強い浄化作用と守護力を持つ二酸化チタン（ルチル）の繊細な針状結晶は天使の髪を連想させることから、別名"天使の髪の毛"と呼ばれます。クォーツ内部で結晶したルチルはクォーツ本来のエネルギーを増幅させます。また、この石は最高次の天使の領域とつながっています。名前の由来はラテン語のルチラス（赤色）ですが、その一方でひときわ鮮やかな黄金色に輝くルチルもあります。ところで、この石を見ていると宇宙は素粒子ではなく多次元のひもから構成されているとする超ひも理論を思い出します。この理論では、超対称性を持つひもが、ポータル（異次元への扉）、2次元的な広がりをもった膜、高次元の対象などを電磁気に似たフォースとつなげるとされています。実はこうした作用はルチルクォーツの特性そのものなのです。すなわち、ルチルには宇宙の光と創造主のパワーが絶妙なバランスで内包されているのです。

癒しのパワー

　カルマが解消される際に発生する否定的なエネルギーを吸い取って、新鮮なエネルギーを細胞に行き渡らせます。過去世療法で用いると問題の核心を見抜く力が養われます。また、魂が学びのためにわざと病気になった場合にはそのことを思い出させ、学びが終わるまで寄り添い支えてくれます。

　現代のクリスタルヒーリングでは、胸腺のバランスを整え、肺の病を改善し、細胞の成長を促すために用いられます。また、顎、筋肉、腹部に当てると、歯の詰め物として使われる水銀アマルガムの毒素を吸い取ります。感情面では、過去の傷を癒し、うつ病や恐怖症の根本原因を解消します。さらに、ジオパシックストレスを除去し、電磁スモッグを吸い取るこの石は地球を癒すのに最適です。

変容のパワー

　有害な思考や萎縮した感情を取り除いて過去を断ち切ります。これにより霊性進化を阻む障害が取り除かれ、魂の目的を果たすことができるのです。第三の目に当てると、霊視能力に目覚め直観が冴えます。また、この石を各チャクラに当てると、精妙体のチャクラとライトボディのチャクラのバランスが整います。これにより霊性進化のスピードが大幅に加速します。さらに、この石には思考力を増幅させるパワーがあるので、自分の考えていることが目に見える形で現実世界に投影されます。すなわち望むものはすべて手に入るようになるのです。ただし、この石を使うときは他人に迷惑がかからないように。この石のパワーを悪用すると、あとで痛い目にあうので気をつけましょう。

石に秘められたパワーを利用する

エネルギーが躍動するこの石を
太陽神経叢または高次の心臓の
チャクラに当ててください。
生命力が高まり、慢性的な不調と
性的能力が改善するでしょう。

純粋無垢なエネルギーを放つ

サファイア

Sapphire ［和名：青玉］

- 対応するチャクラ：第三の目
- 生理学的関係：眼、内分泌腺、循環器系、細胞
- 波動：高い

古来伝わるパワー

　サンスクリット語で"土星に愛される石"を意味するサファイア。ヴェーダ占星術では癒しのパワーを持つ宝石の一つに数えられます。ヒンドゥー教の伝説によると土星は虚空から誕生した最初の惑星で、ひときわ鮮やかに輝くスターサファイアは暗闇から現れた光の象徴とされています。

　16世紀、イワン雷帝はサファイアを手にして大いに喜び、"この石は勇気や喜びを与え、強い心を育てる。また、五官の働きを助け、眼病や眼の充血を癒して視力を回復させ、筋肉や腱を強くする"と語ったといわれます。

　古くからローマカトリック教会の司祭は貞節の誓いとしてこの石を身につけ高潔と純潔を誓いました。そして今もこの石は高潔、貞節、真実、美徳の象徴であることに変わりはありません。また、忍耐力を授け、叡智をもたらすといわれます。古代メソポタミア文明では、宇宙はクリスタルでできた幾つもの天体からできていると考えられ、この思想はルネッサンス期まで続きました。エゼキエル書には神の玉座はサファイアでできていると記されています。ヨハネの黙示録には聖なる都、新エルサレムの礎石の一部にこの石が使われていると記されています。また、ユダヤ教大司祭の胸当てにも用いられていたようです。大天使メタトロン（天使たちのリーダー）と大天使ザドキエル（慈愛の天使）の石でもあるサファイアはセラフ（熾天使）の領域を支配するといわれます。

癒しのパワー

　中世の貴石誌にはサファイアは眼病を癒すと記されていますが、さらに歴史を遡ると、血液の病気の治療にも使われていました。現代のクリスタルヒーリングでは、血管の弾力性を改善し、血液疾患を癒し、体の腺や系の過剰活動を抑えるために用いられます。また、サファイアを浸けた水で眼を洗うと視力が格段に回復するといわれます。

変容のパワー

　サファイアにはさまざまな色がありそれぞれ異なる特性があります。ブルーサファイアは霊的真理の探究を促し、ピンクサファイアは霊的進化に必要なものを人生に引き寄せます。一方、豊穣を象徴するイエローサファイアは豊かさを引き寄せて洞察力を高め、ブラックサファイアは精神を安定させ守護力を発揮します。スターサファイアは夜道を照らす星のように人生に寄り添い、信頼、希望、運命の面でサポートしてくれます。

石に秘められたパワーを利用する

この石を身につけると、魂とは本来、
純粋無垢で、正しい目的と
道徳的誠実さを備えていることに
改めて気づきます。
また、心の平穏と静謐をもたらします。

魂を浄化する

サチャロカクォーツ™
Satyaloka™ Quartz

サチャマニクォーツ™
Satyamani™ Quartz

- **対応するチャクラ**：宝冠、ソウルスター、ステラゲートウェイとそれより上のチャクラ。オーラの浄化と波動調整を行います。
- **生理学的関係**：肉体レベルを超えて作用し、ほかのヒーリングストーンの波動を高めます。
- **波動**：きわめて高い

古来伝わるパワー

　仏教徒にとって重要な石とされるクォーツ。中でもサチャロカクォーツの波動は南インドのサチャロカ僧院（現在は閉鎖）の僧侶たちによって高められてきました。この僧院の付近には地上で悟りを開いた人々の魂がたくさん住んでおり、彼らの使命は地球の意識拡大を助け、世界中の人々に悟りを開かせることにあるといわれます。この石に注がれた霊的光明は世界に放たれます。一方、サチャマニクォーツもサチャロカと似た波動を持ちます。霊的パワーに溢れるこの石は深いレベルで神との合一を実現し、最高次の神秘的意識を地上にもたらします。ジャイナ教の聖典『カルパ・スートラ』には次のような一節があります。

　宇宙の根源の光とつながることで霊的覚醒への道が開かれる。霊的覚醒を望む者は精妙な波動を持つ石を手にし、望まない者は粗い波動の石を手にする。霊的光明は人類の霊的覚醒と意識拡大を望む人々に注がれる。

　サチャロカ修道院の周辺に住む人々の中には体外離脱体験などの霊的・神秘的な体験をした人や霊能者もいることが何百年も前から報告されています。2つの石にはこうした人々の霊的エネルギーが宿っているのです。サチャロカとは"真実の場所"とか"霊的光明"という意味で現在はアゼツライトに分類されています（p.46を参照）。

癒しのパワー

　この2つの石は精妙体の波動を上げ、魂を多次元的にホリスティックに癒します。サチャロカクォーツとサチャマニクォーツをちょうど過去世のチャクラの高さで頭の両側に当て、ニルヴァーナクォーツ（p.136）を頭上30cmあたりに持ってくれば、霊的光明が体内に降り注ぎます。また、スモーキーエレスチャルクォーツやほかのグラウンディング作用のある石を足元に置くと、精妙体の新しい波動を肉体へ定着させることができます。

　地球を癒す目的で、アホアイト、アゼツライト、トライゴーニックなどの波動の高い石と一緒にグリッドを作れば、地球の高次の宝冠のチャクラが開き地球のマトリックスに霊的光明が差します。

変容のパワー

　サチャロカクォーツとサチャマニクォーツは世界中の人々に悟りを開かせます。物質世界に霊的光明をもたらし、悟りを開いた魂のもとへ純粋な精霊を次々に送り届けるのです。魂と肉体のインターフェースを作るこの聖なる石は、霊性進化の道は決して孤独な旅ではないことを約束してくれます。

石に秘められたパワーを利用する

この2つのクォーツを頭の両側に当てると、
心の神殿に光が差し、創造主と直接
意思疎通できるようになります。

聖なる光を呼び込む

セレナイト

Selenite ［和名：透明石膏］

- **対応するチャクラ**：宝冠、ソウルスター、ステラゲートウェイとそれより上のチャクラ
- **生理学的関係**：脊柱、関節、胸、神経、思春期、閉経期。最も深い癒しは肉体よりもエネルギーレベルで体験できます。
- **波動**：高いものからきわめて高いものまであります。

古来伝わるパワー

　精神世界と物質世界の橋渡しをするセレナイト。カバラの創世神話によると天地が創造される以前に神は存在していました。神は天地を創るに先立ち、"神の息"によってまずそのための空間を作りました。ところが、さあこれから天地創造にとりかかろうとしたとき、自分が人間のように手足を持たないことに気づいた神は、自分の分御霊としての聖なる光で天地を創造することにしました。神が放ったその光によって地球や惑星、恒星が次々と創られていきましたが、あるときその光が途絶えてしまいました。セレナイトにはそのときの聖なる光が宿るとされ、途絶えた光を再び神のもとへ届けることがこの石の使命であるといわれます。

　この石は古くから水晶占いに用いられてきました。11世紀の貴石誌には、月が満ちるにつれて大きくなり、欠けるにつれて小さくなると記されています。また、アルフォンソ10世の『貴石誌』には、この石を木にぶらさげておくと果実の成熟が早まると記されています。

癒しのパワー

　古代メソポタミア文明では、病室に邪気が入り込まないようにこの石を用いました。"病人を癒す儀式"に参加した当時の人々は病魔を追い払うために次のような呪文を唱えました。"透明石膏（セレナイト）と天然のアスファルト（ビチューメン）を神官が病室のドアに塗る。セレナイトはニヌルタ神、ビチューメンはアサックの象徴。ニヌルタ神はアサックを追い払う"。ニヌルタ神はローマ神話ではサトゥルヌスと呼ばれる善良な神、アサックは悪霊の一種です。アサックは結局この呪文でできた網で捕えられます。これは現代のクリスタルワークで、セレナイトで作ったグリッドで邪気を封じるのに似ています。

　アルフォンソ10世の『貴石誌』には、この石を身につけると癲癇の発作がおさまると記されています。現代のクリスタルヒーリングでは、歯の詰め物に使われる合金やフリーラジカルの悪影響を取り除くために用いられます。グリーンセレナイトは骨格や皮膚の老化を遅らせ、フィッシュテールセレナイトは神経と神経経路を支えます。ピーチセレナイトは思春期と閉経期の体の変化に対応できるよう支えます。また、ブルーセレナイトを第三の目のチャクラに当てると、心が鎮まり、第三の目が開きます。さらに、純白のセレナイトはオーラを浄化して癒すのに最適です。どのセレナイトにも情緒を安定させる働きがあります。

変容のパワー

　この石は天使の意識にアクセスし、石に触れたすべてのものに霊的光明を注ぎます。ホワイトセレナイトまたはゴールデンセレナイトはライトボディの覚醒を促し、意識の拡大と神との合一を促進します。また、心身症を引き起こす心理的な要因や感情の発露を妨げている原因を取り除きます。ギリシャ神話に登場する冥界の女王ペルセポネーと関係のあるピーチセレナイトは暗闇を照らし、自分の中の光と影の部分を統合できるよう助けます。さらに、思春期や閉経期をスムーズに乗り越えられるよう支え、賢明な女性性の聖なるパワーにつなげてくれます（注：セレナイトは水に溶けるので注意してください。玄米で洗浄した後、月光に当ててパワーを充電してください）。

石に秘められたパワーを利用する

この石を頭の上にかざすと霊的光明が
全身に行き渡るのを感じるでしょう。
その光は心の神殿を照らしあなたを
存在の総体につなげてくれます。

相手を惹きつける話し方が身につく

セプタリアン

Septarian ［和名：泥灰岩］

- **対応するチャクラ**：アーススター、基底。第三の目、喉、心臓のチャクラの働きを統合します。
- **生理学的関係**：代謝、皮膚、心臓、腸、腎臓、血液、細胞記憶、ミネラルの吸収
- **波動**：粗い

古来伝わるパワー

　今から約7千万年前、海底火山が爆発し海洋生物は滅びました。海底に沈んだ生物の死骸の腐食が進行するにつれ、カルサイト（セプタリアンの黄色い部分）、アラゴナイト（茶色の線）、ライムストーン（グレーの被膜）の凝固物を含む泥灰岩の塊が次第に海底に堆積していきました。その塊には中心から外側に向けて7方向に亀裂が走っており、まるで亀の甲に見えました。そしてこの泥灰岩の塊が地殻変動によって地表に露出し凝固したものがセプタリアン・ノジュールと呼ばれるものです。語源はラテン語で7を意味する*septum*ですが、"壁や囲い"を意味する*saeptum*に由来するとする説もあります。この混合石はきわめてパワフルで、アラゴナイト（p. 38）は地球を癒し、養育の石カルサイトには人間と地球の成長を支える働きがあります。セプタリアンはかけがえのない地球環境とそこに住まうすべての生命を大切にするよう促します。

　セプタリアンは人前で話をする機会が多い人におすすめです。この石を身につけると聴衆の心をつかむことができます。聴衆は自分だけに語りかけてくれているように感じるからです。また、話し方や言葉遣いを少し変えるだけで、相手の反応が大きく変わることに気づかせてくれます。さらに、グラウンディング作用があるこの石を用いると、常にプラス思考の言葉と現在形を多く使うようになります。現在形で話すということは過去の否定的な記憶から意識をそらすことにつながります。また、この石はサウンドヒーリングにも有効です。

癒しのパワー

　この石を持って瞑想すると不調の根本原因が明らかになります。自然治癒力を高め、エネルギーの詰りを解消する働きがあるからです。また、代謝機能を整え、細胞記憶を書き換えます。季節性情動障害に効くこの石には、腫れを抑え、体内の組織や器官を支える働きがあります。さらに、麻薬中毒患者が強い意志を持って治療に専念できるようサポートします。

　子どもが悪夢にうなされたときや、大人が就寝中に筋肉がひきつる場合は、グリッドが有効です。また、この石には子どもの身体的成長を促し、大人の関節の柔らかさを保つ働きがあります。さらに、腸の働きを整え神経を鎮めます。

　神経言語プログラミングに役立つほか、EFT（エモーショナルフリーダムテクニック）——顔や胸周辺のツボを"トントン"と指で軽く叩く療法——など、経絡を刺激するエネルギー療法にも役立ちます。また、新しい行動・思考パターンを神経伝達物質と細胞記憶にすり込みます。

変容のパワー

　この石を用いるとやりたいことがはっきりわかるようになります。創造性を高めるのに最適で、あなたがどんな分野に進もうと常に励まし、目標実現をサポートしてくれます。

石に秘められたパワーを利用する

人前でスピーチをするときは
この石を1個ポケットに忍ばせておきましょう。
カリスマ性が漂い、自信に満ちた話し方で
聴衆を魅了することができるでしょう。

クンダリーニを覚醒させる

サーペンティン

Serpentine ［和名：蛇紋石］

- **対応するチャクラ**：基底、宝冠。すべてのチャクラを浄化し活気づけます。
- **生理学的関係**：膵臓とインシュリンの制御、カルシウムとマグネシウムのバランス、解毒作用とリンパ系、鎮痛作用。ピクロライト：副腎、心臓、内分泌。アトランティサイト：細胞記憶、血液機能
- **波動**：粗いものから高いものまで、種類によります。

古来伝わるパワー

　見た目が蛇の皮に似たサーペンティン。昔から蛇やサソリを追い払い、傷口から毒を吸い取るといわれてきました。中世のピーターボロー貴石誌には、この石は甘い匂いがし、"毒を中和する"と記されています。また、当時はこの石で作ったコップに薬を入れて飲むと薬効が高まるといわれていました。一方、古代エジプトではこの石でできたスカラベを死者と一緒に埋葬する習慣がありました。死者の魂が無事に往生できるよう願ったのです。心臓の上に置かれたスカラベには、次のような言葉が刻まれています。"私は土に還る。私は死んだのではなくアメンティ（冥界）にいる。純粋な私の魂は永遠である"

　この石は古くから神通力と叡智を象徴する石とされてきました。背骨の一番下に当てると"サーペントパワー"（クンダリーニのエネルギーを視覚化したもの）が上昇するといわれます。クンダリーニとは精妙な電磁エネルギーの一種で、男性と女性のセクシャルなエネルギーが融合したものです。チャクラを強化して霊的な愛を呼び寄せ、神との合一をもたらすとされています。クンダリーニが覚醒するとすべてのチャクラを伝って上昇し、やがてラセンを描きながら仙骨のチャクラに戻ります。さらに、丹田を通過する際、性欲、拡大意識、生命力を融合して、強力な創造力を生み出すといわれます。

　ピクロライト（深緑色のサーペンティン）とアトランティサイト（紫色のサーペンティン）は先史時代から大地を癒すために用いられ、お守りとしても珍重されてきました。また、アトランティサイトを用いるとアトランティス文明の頃の自分の過去世にアクセスすることができます。

癒しのパワー

　大きな癒しのパワーが宿ることから、古来珍重されてきました。インシュリンを制御する働きがあり、糖尿病、低血糖、高血糖の治療に用いられてきました。また、寄生虫の駆除に効果的といわれます。サーペンティンの中で薄緑色のものはインフィニットストーンと呼ばれ、過去世のカルマを解消して魂を癒し、再統合します。

変容のパワー

　持ち主が魂を回復するために黄泉の国を訪れる際、蛇のような賢さを授けてくれます。また、蛇が脱皮するように変身する力や、巧みな弁舌で相手を説得する力を与えてくれます。さらに、自分の人生に過去世がどのように影響しているかを理解させるこの石は、苦労した分たくさんの学びがあることを教え、魂がこれまで手に入れた叡智に気づかせます。レパードスキンサーペンティンはレパード（豹）のエネルギーに持ち主を同調させ、失ったパワーを取り戻せるよう応援します。過去世で霊的能力を誤った方向に用いてしまった人は、アトランティサイトを持つと霊的能力の正しい使い方を学ぶことができます。また、誠実さを欠いた浅はかな選択や行動から生まれる行動・思考のパターンを解消するのに役立ちます。

石に秘められたパワーを利用する

基底のチャクラに当てると
クンダリーニが覚醒し、
脊椎を伝って高次のチャクラへ到達します。

男性性と女性性を統合する

シバリンガム
Shiva Lingam

- **対応するチャクラ**：基底、仙骨。すべてのチャクラを活性化します。
- **生理学的関係**：生殖器系と電気系
- **波動**：粗いものから高いものまであります。

古来伝わるパワー

　シバリンガムの天然石はインドの七大聖地の一つを流れるナルマダ川でのみ産出される希少な石です。内包するクォーツやアゲートの粒子と男根を象徴する形からは強力なエネルギーが放射されます。対極にあるものの融合によって生み出される非二元性を象徴する石です。一方、人工石は砂岩から作られます。これはヒンドゥー教の女神パールヴァティーが砂岩から最初のリンガムを作り、シバ神の御神体として崇めたというインドの伝承に基づいています。砂は地球を構成する主要な要素で、男根は男性神の太古のパワー、柔らかい手触りは賢明な女性神のエネルギーを象徴しています。地上に降りた神々の叡智を具現化した石といえます。

　またこの石は宇宙の卵を象徴しています。インドの伝説によると天地創造はこの卵から始まりました。また、シバ神が別の神との戦いに勝利したときリンガムが大空に現れたという伝説もあります。ここからリンガムは究極のパワーを象徴するようになったのです。破壊神であると同時に再生の神でもあるシバは、生・死・復活の周期を象徴しています。この石は"明けない夜はない"ことを教え、どんなにつらくても前を向いて歩いていく勇気を与えてくれます。また、シバ神には慈愛の神としての一面もあります。家の神棚や仏壇に置けば護符になり、愛を引き寄せることができます。

　絵に描かれたシバ神は男女半分ずつの姿をしていることがよくあります。これは宇宙には男性性と女性性のエネルギーが均等に存在することを暗示しています。また、この石の2色は男性性と女性性の融合を表します。融合すれば身体機能が正常に働き、共鳴エネルギーが大きくなって氣の流れが活発になるのです。さらに、この石はクンダリーニの上昇を促し、肉体と魂を悟りの境地へ導きます。

　この石を用いると、精妙体のチャクラを通じてつながっている元パートナーとの関係を断つことができます。信頼関係を培うこの石は、タントラの秘法を通じて現在のパートナーとの絆をより深め、性的な癒しをもたらします。

癒しのパワー

　生殖器に働きかけ、性的能力と生殖力を高めます。虐待の記憶を乗り越え、無オーガズム症を招く精神身体的な原因を解消します。子宮の辺りに当てると生理痛が和らぐといわれます。

変容のパワー

　過去の呪縛や古い思考パターンから解放し、性的な悩みを解決します。また、創造性をうまく引き出してくれます。

石に秘められたパワーを利用する

この石を基底と仙骨のチャクラに当てると
男性性と女性性のエネルギーが統合され、
創造性に富んだクンダリーニのパワーが
覚醒します。

強力な守護石

シュンガイト
Shungite

- **対応するチャクラ**：アーススター、基底、高次の心臓（胸腺）
- **生理学的関係**：細胞代謝、神経伝達物質、免疫系、消化器系、泌尿器系、酵素の産出、解毒作用、抗酸化物質、抗菌性、抗炎症作用、抗ヒスタミン性、鎮痛作用
- **波動**：粗い

古来伝わるパワー

　強力な守護力を持つシュンガイト。そのパワーの源は特殊な内部構造にあります。非晶系の希少な炭素鉱物であるこの石は"バッキーボール"と呼ばれる炭素の中空球状分子からなる物質（フラーレン）で組成され、元素周期表に載っているほとんどの元素を含んでいます。また、地球上の生命誕生にも関わっていたと考えられます。新世代のナノテクノロジー物質といわれるフラーレンは、地熱や電磁気を伝えやすい反面、電磁波から身を守るのにも効果的です。今や世界中の科学者がこの物質の潜在的可能性に注目しています。

　シュンガイトはロシア北西端のカレリア共和国のオネガ湖付近でのみ産出されます。炭素でできた鉱物というのは普通、腐食した有機物質、たとえば太古の森林などから生成されますが、この石が生成されたのは有機物が誕生するよりもはるか以前の20億年前と推定されます。シュンガイトの生成過程をめぐっては、巨大な隕石が地表に衝突した際、クレーターにシュンガイトが散らばり、そこにオネガ湖ができたという説や、20億年前にはすでにこの湖には微生物が生息していて、それらが湖底に堆積してできたという説もあります。湖水はかなり汚染が進んでいますが、湖底のシュンガイトが水を浄化するため、ここの水は何百年も前からヒーリングスパとして利用されてきました。

癒しのパワー

　シュンガイトを浸けた水を1日に2〜3回飲用するとフリーラジカルや汚染物質を除去することができるといわれます。また、抗菌作用と抗ウイルス作用があり、風邪の予防や症状緩和に有効とされています。さらに、この水には喉の腫れ、火傷、心臓疾患、血液疾患、アレルギー、喘息、胃の不調、糖尿病、関節炎、骨関節症、腎臓・肝臓疾患、膀胱炎、自己免疫疾患、膵臓疾患、インポテンツ、慢性疲労症候群などを癒す作用があるとされています。ピラミッド型のシュンガイトをベッドの脇へ置いておくと、不眠症が改善しストレス解消に有効です。

変容のパワー

　体調を回復させ、水を浄化します。水を生物活性物質に転換し、有害な微生物や汚染物質を除去します。また、健康に有害なものはすべて吸い取って放出します。たとえば、殺虫剤、フリーラジカル、バイ菌、ウイルス、電磁場、Wi-Fi（ワイファイ）、マイクロ波などです。その一方で、健康増進作用を持つ物質やエネルギーの質を高める作用があります。たとえば、普通の水を生命力と免疫力を高めるエッセンスに変えることができます。さらに、情緒を安定させ、ストレスをエネルギーに変換しスタミナを回復させる作用もあります（注：シュンガイトは否定的なエネルギーや汚染物質を急速に吸い取るので、頻繁に洗浄した後、太陽に当ててパワーを充電してください。また、水に浸けてエッセンスを作るときは少なくとも48時間は浸けておきましょう）。

石に秘められたパワーを利用する

この石を身につけるか、
パソコンや携帯電話のそばに置いておくと、
電磁波から身を守ることができます。

マイナスのエネルギーをプラスに転換する

スモーキークォーツ

Smoky Quartz ［和名：煙水晶］

- **対応するチャクラ**：アーススター、基底。すべてのチャクラを浄化し、チャクラオーラを守ります。
- **生理学的関係**：胃、脚、足、筋肉、ミネラルの吸収、体液の調節、解毒作用、神経系、生殖器系、排泄器系
- **波動**：粗いものと高いものがあります。

古来伝わるパワー

　古代ドルイドとケルト族が神聖視していたスモーキークォーツ。大きなサイズのものはスコットランド国王の王笏（おうしゃく）に用いられていました。また、この石は魔術師にとって必須の道具でした。エリザベス1世おかかえの予言者であったディー博士はスモーキークォーツで作った占い用の水晶玉を使って黄泉の国の精霊を支配し、歴史の流れを意のままに操ったといわれます。一方、この石にはサイキック攻撃を退け、マイナスのエネルギーをプラスに転換する作用があります。現代では電磁スモッグ、Wi-Fi（ワイファイ）、ジオパシックストレスなどを吸収する石として珍重されています。

　モリオン（Morion）は古代スコットランド語で、黒っぽいスモーキークォーツを指します。プリニウスは透明な漆黒の石をモルモリオンと呼びました。モリオンクォーツは天然の放射線を浴びた真っ黒なスモーキークォーツです。ドロマイト（苦灰石）やその他の鉱物が付着していることが多く、シナジー効果で守護力と解毒作用が一層強まった石です。希少価値の高いこの石を用いると情緒が安定し、人を信頼する心を取り戻すことができます。また、黒いクォーツの中には人工的に放射線を照射したものも流通しています。このような放射性のある石はもちろん取扱いには要注意ですが、"似たものが似たものを癒す"という原理に沿えば、天然の放射線を浴びた石のエネルギーと共鳴することで放射線治療などの副作用を和らげることもできるのです。

　スコットランド語に由来するカンゴームというシトリンに似た黄色がかったスモーキークォーツもあります。暗く沈んだ心を明るく照らすといわれます。実は私もカンゴームの指輪をはめています。これは私のメンターであるクリスティン・ハートリーから譲り受けたものです。彼女は英国で近代魔術の再興に貢献したダイアン・フォーチュンの元同僚です。私がこの石を重宝している理由は2つあります。ひとつは、身につけていると暗い場所を歩いていても光のある安全な場所へ導いてくれるからです。もう一つは、瞑想中や異次元へ移動するときに脳のアルファー波、ベータ波、シータ波をうまく統合してくれるからです。

癒しのパワー

　多彩な癒しのパワーを持つこの石は基本的にクォーツの特性を有します。腎臓や排泄器官に働きかけて毒素を体外に排出します。体のバランスを回復して軸を安定させ、ヒーリングクライシスを未然に防ぎます。

変容のパワー

　この石の最大の特徴は、マイナスのエネルギーを吸い取って浄化し、プラスのエネルギーに変換する点にあります。これにより体の核が安定し大地のエネルギーとしっかりつながることができるのです。また、癒し目的でクリスタルレイアウトを作るときや、環境を清浄に保ちたいときには必須の石です。さらに、生存本能が低下し、環境が悪いため自分のエネルギーが吸い取られたり枯渇寸前の人に再び活力を与え、眠れる才能に光を当てます（ブランデンブルク、エレスチャル、ハーキマーはp. 60, p. 84, p. 104を参照）。

石に秘められたパワーを利用する

癒し目的でグリッドを作ると、
環境を乱すエネルギーを吸い取ります。
ポイントを自分と反対方向に向けると
否定的なエネルギーをプラスに変換し、
自分の方に向けると癒しの光を
呼び込むことができます。

魂を高次へ導く

スピリットクォーツ
Spirit Quartz

- **対応するチャクラ**：大地、太陽神経叢、宝冠、ソウルスター、ステラゲートウェイ。すべてのチャクラを浄化して開きます。
- **生理学的関係**：細胞記憶、解毒作用、皮膚
- **波動**：高いもの

古来伝わるパワー

　南アフリカ産のスピリットクォーツは比較的新しい石ですが、産出量が少ないためあまり流通していません。多数の小さなポイント(先端)が表面を覆うこの石は誰の中にもあるホリスティックでダイナミック、かつホログラフィックな意識を見事に表現しています。この石を眺めていると、"全体は部分の総和に勝る"ということ、人間は魂レベルではみんなつながっていることを実感します。

　意識の拡大を促進するこの石は第三の目を開き、異次元の旅へ導きます。特にくすんだ色のものは臨終の床にある人のそばに置いておくといいでしょう。魂が肉体から離れる前に解消しておかなければならない問題を知らせてくれるからです。また、肉体は滅びてもまたいつか魂と家族が再会する日が来ることを遺族に伝え、残された家族を慰めてくれます。

　この石には普遍的な愛が宿ります。重要なカルマについて知らせ、アンセストラルラインを癒します。また、クラスターは地球の霊的波動を上げるために善行を尽くす人たちの絆を強めます。

癒しのパワー

　高波動のエネルギーをポイントに集中させてそこから癒しのエネルギーを放射します。まるで魔法の杖のように、肉体やオーラ体から不調を取り除き霊光を注ぎます。経験豊かなヒーラーの助けを借りれば、魂を回復した後、この石でオーラの傷口をふさぐことができます。

　細胞を刺激して本来の完全性に目覚めさせ、DNAの潜在力にスイッチを入れて細胞を癒します。また、卵巣の辺りに当てると子宝に恵まれ、基底のチャクラに当てると解毒作用を発揮するといわれます。さらに、この石を水に浸けたエリキシルには発疹を癒す作用があります。浴槽に浸けると乾燥した肌に潤いを与えます。

変容のパワー

　"アメジスト"スピリットクォーツは多次元への入り口となる高次のチャクラを開きます。"シトリン"スピリットクォーツはアーススターチャクラと太陽神経叢をつなげ、心身に活力を注ぎます。また、モノに対する欲求を抑え、霊的な豊かさに目を向けさせます。スモーキースピリットクォーツはあの世へ魂を導き、基底のチャクラと第三の目のチャクラを同調させ、霊的洞察力を与えます。この石を用いればカルマの残骸を取り除き潜在意識を浄化することができます。フレイムオーラスピリットクォーツとアクアオーラスピリットクォーツは魂に元気を与えて霊的成長を促し、人間は神(創造主)の分御霊であることを思い起こさせます。

石に秘められたパワーを利用する

この石と瞑想すると、
私たちは魂レベルでつながっており、
同胞のために力を合わせて
善行を尽くすべきことに気づきます。

古代シャーマンの石

スティブナイト

Stibnite ［和名：輝安鉱］

- **対応するチャクラ**：基底、仙骨、太陽神経叢、ソーマチャクラを統一します。
- **生理学的関係**：胃、食道、眼、細胞記憶、感染症、口辺ヘルペス
- **波動**：粗い、世俗的波動、地球外生命体の波動

古来伝わるパワー

　スティブナイトは精妙体を肉体から分離させるので、この石を用いれば意識はどこへでも自由に移動することができます。古代のシャーマンはこの石を利用して精霊やパワーアニマルが住む異次元へ旅をしました。

　古代人は希少金属のアンチモンと硫黄を含むスティブナイトを低温で溶かし、貴金属をつなぐ接着剤を作りました。変色も融解もしない摩訶不思議なこの接着剤はピューターなどの合金を作る際に用いられました。また、スティブナイトには母岩の中にある金を遊離させる作用があることも発見しましたが、彼らにとってはまさに魔法の石だったに違いありません。

　この石に含まれるアンチモンを粉末にしたものはコール墨と呼ばれていました。今でいうところの黒色のアイシャドウですが、単なる化粧品ではありません。古代ギリシャの哲学者・ディオスコリデスによると、当時の人々はスティブナイトをパン生地の中に入れて炭殻になるまで焼き、その上にワインと牛乳を注いで冷ましてから、砕いて粉末にしたものを目に塗りました。こうすることで太陽の強い日差しから眼を守り、眼病を予防したのです。また、預言者ムハンマドは、"スティブナイトは視力を回復させ、発毛を促す"と語ったといわれます。さらに、この石は幻想を打ち砕き、霊的現実に目を向けさせるといわれます。

癒しのパワー

　現代でも薬用とされることもありますが、スティブナイトは毒性が強いので内服薬として用いることはできません。今日では地球外生命体や邪悪な霊の憑依から身を守るために用いられます。また、縁を切る儀式で用いると、過去のパートナーの呪縛から解放され、今後は相手にはっきり"ノー"と言えるようになります。さらに、過去にとらわれている人がこの石を用いると、その原因となっているしがらみや古い考えを断ち切り、大胆に、自由に生きていくことができます。

変容のパワー

　ソーマチャクラに当てるとパワーアニマルであるオオカミのエネルギーを引き寄せ、一緒にシャーマンの世界を訪れて魂を回復し、カルマを癒すことができます。その結果、過去世で形成された心の障壁を取り除き、再び人を信頼し愛することができるようになります。体に溜まった霊的な垢を霊的な金に変えるこの石は、すべての経験は魂の学びの場であることを教え、シャーマン的呪術者としての潜在能力を引き出します（注：スティブナイトには毒性があります。取扱いに注意し使用後は必ず手を洗ってください）。

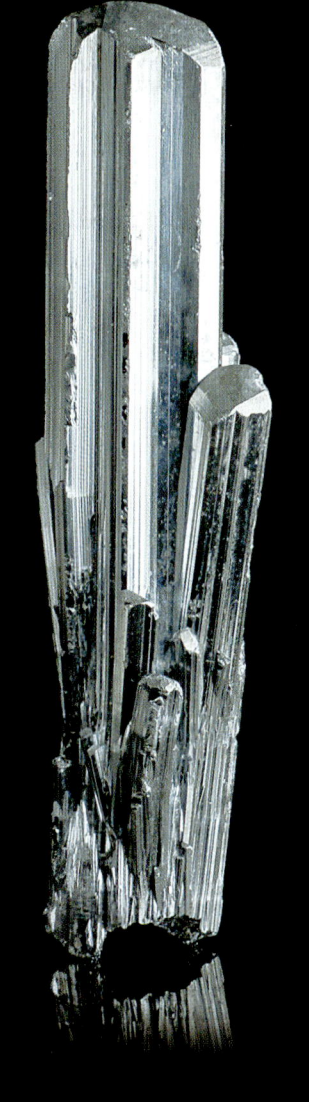

石に秘められたパワーを利用する

この石を握りしめてパワーアニマルを
呼べば、体外離脱するとき
——特にアストラル界へ行くとき——に
あらゆる害悪から身を守ってくれます。

進むべき真実の道へと導く

スギライト
Sugilite

別名：ルブライト
Luvulite ［和名：杉石］

- **●対応するチャクラ**：心臓、第三の目、宝冠。宝冠から基底までのすべてのチャクラの働きを整えます。
- **●生理学的関係**：脳、血液、運動機能、神経系、リンパ系
- **●波動**：粗いものと高いもの

古来伝わるパワー

　人生の暗闇に愛と光の天使を呼び寄せるスギライト。希望の光を示し、真実の道を照らし出します。1944年、発見者である鉱物学者の杉健一博士の名前にちなんでスギライトと名づけられましたが、南アフリカではもっと昔から知られていたようです。愛を大きく育てるこの石は無条件の愛の光を宝冠のチャクラから体に注ぎ、基底のチャクラに伝えます。
　この石を持って瞑想すると、"私はなぜここにいるのか""この世に生まれてきた目的は何なのか""私は誰なのか"といった人生の大きな問いに対する答えが見つかります。また、過去世に関係する不調を慈愛と赦しの心で解消するのに有効です。
この石は偉大な守護天使で戦士である大天使ミカエルに関連づけられます。

癒しのパワー

　穏やかな波動を持つこの石は精神的ショックやトラウマを癒します。また、主成分のマンガンには頭痛や関節痛を和らげる作用があります。さらに、精神疾患、神経伝達物質の異常、失読症、計算力障害、統合運動障害等をエネルギーレベルで改善します。
　ストレスや愛情不足による情緒不安や不調の改善に有効です。また、心と体のバランスを取るのに最適なこの石は心身症の改善にも効果があります。さらに、ガンと闘っている人にも強い味方となります。絶望の淵から立ち直らせ、心を落ち着かせ、絶対に治るという強い確信を持たせてくれます。また、この石を用いると、あなたが今世で厳しい試練を選んだ理由と、そこに隠された魂の学びについて知ることができます。

変容のパワー

　過去のつらい出来事を忘れ前向きに歩んでいくことができるよう支えます。また、周囲の環境にどうしても馴染めない人には、今の環境が自分にとっての当面の学びの場であることに気づかせます。
　この石は自己愛を高め、すべてはうまくいっているという意識を植え付けます。また、地球の波動になかなか適応できないライトワーカーを支援します。さらに、高次の自己や高次の霊的存在が転生した魂に愛情を注ぐよう取り計らいます。地上のマイナスの波動によって絶望感を味わったり意気消沈した人の心に、不屈の精神を呼び覚まします。

石に秘められたパワーを利用する

頭の周りに当てると、
脳の両半球のバランスが整います。
精神的な混乱を解消し、
神経系を調整して心の平穏をもたらします。

運命を切り拓く力を与える

サンストーン

Sunstone ［和名：日長石］

●**対応するチャクラ**：基底、仙骨、太陽神経叢。すべてのチャクラを浄化し活性化します。
●**生理学的関係**：免疫系、自律神経系、喉、軟骨、筋肉、関節
●**波動**：粗い

古来伝わるパワー

　古代の貴石誌には"太陽の石"が何種類か登場しますが、現代ではどの石を指すのかは不明です。現在ではオレンジがかった赤いアベンチュリンと、半透明で黄色がかったオレンジ色の光沢をもつフェルドスパー（長石）は両方ともサンストーンとして知られていますが、ここで紹介するのは半透明のサンストーンです。古代ギリシャではサンストーンは体に活力を与え、護符として身につけると繁栄と健康を引き寄せるといわれていました。アメリカ先住民はこの石をメディスンホイールに用いてグレイトスピリット（部族主神）と接触し、太陽の癒しの光を引き寄せたといわれます。
　光を屈折させる性質があるため、曇りの日に太陽の位置を知るのに役立ちます。バイキングはこの石を帆に結んで航海したと伝わります。また、古代のバイキングの墓からも多数出土することから、死者の魂をヴァルハラ──北欧神話に描かれる、戦士した英雄の霊を招いて祀る場所──に導くと信じられていたようです。現代では霊的羅針盤としても利用できます。
　基底と仙骨のチャクラに当てると、過去に性的関係を持った人との縁を切ることができます。また、あなたが新しいパートナーとの関係を築くのを邪魔する霊的磁気を取り除いてくれます。

癒しのパワー

　憂うつな気分を吹き飛ばし、季節性情緒障害を改善します。ポケットに1個忍ばせておき、しょっちゅう触れるといいでしょう。良い氣に満ちたこの石をそばに置いておくと心も体も元気になります。また、筋肉痛や関節痛にも有効です。
　サンストーンの男性／陽のエネルギーは、ムーンストーンの繊細な女性／陰のエネルギーを補完します。ムーンストーンを基底のチャクラの左側、サンストーンを右側に当てると、男性性と女性性のエネルギーが調和し、クンダリーニが覚醒して宝冠のチャクラへ上昇します。

変容のパワー

　自尊心や生きる意欲をなくした人には楽観的なサンストーンがおすすめです。先延ばしを許さないこの石を用いると、進むべき道と自分の存在価値を再発見することができます。また、共依存の関係から抜け出すのにも有効です。利用されやすい人や人の為に自分を犠牲にする傾向がある人がこの石を用いると、はっきりと"ノー"と言えるようになり、常識の範囲内で行動できるようになります。明るさと自信を取り戻すのに最適なこの石は自分らしさが輝くよう見守ってくれます。

石に秘められたパワーを利用する

太陽神経叢に当てると
否定的な感情や記憶を取り除くことができます。
その結果、太陽の恵みを受けながら、
喜びにあふれた人生を送ることができるでしょう。

霊的変容をもたらす

タンザナイト
Tanzanite ［和名：黝簾石（ゆうれんせき）］

別名：ラベンダーブルーゾイサイト
Lavender-Blue Zoisite

- ●対応するチャクラ：ソーマ。高次の宝冠のチャクラと基底のチャクラをつなげます。
- ●生理学的関係：細胞記憶、髪の毛、皮膚、頭、喉、胸、脾臓、膵臓、腎臓、神経系
- ●波動：天然石はきわめて高い

古来伝わるパワー

　タンザナイトは青紫色のゾイサイトの一種です。ゾイサイトを最初に発見したのは地質学者のジグムント・ゾイスで、1805年にオーストリアのザオアルペ山脈で発見しました。しかし、後にタンザナイトと名づけられた石を最初に発見したのは、タンザニアの鉱山でルビーを採掘していたマニュエル・ト・スーザーで、1967年のことでした。また、地元のマサイ族の話によると、ある日落雷で牧草が焼け、焼け跡にはこの石が一面に散らばっていたといわれます。1970年、宝石商のティファニーが商用目的でこの石をタンザナイトと名づけると、ヒーリングストーンや宝飾品としてあっという間に人気が広がりました。ただ、希少な石であるため現在流通しているのはほとんどが人工石です。

　タンザナイトはキリスト意識を地上に伝え地球意識の拡大を促します。この石の助けを借りれば、アカシックレコードにアクセスして自分の魂の軌跡をたどることができます。それにより、今世のミッションを確かめ、今の生き方を選択した理由を知ることができるのです。

　この石は感受性の強い人や霊媒体質の人には刺激が強すぎる場合があります。体内に霊的エネルギーを急激に取り込むので、精神的に不安定になるおそれがあるからです。もしそうなった場合はただちにこの石を手放し、スモーキークォーツか研磨したヘマタイトを握りしめてください。そうすればエネルギーの流れが正常に回復します。次回、タンザナイトとワークするときは、スモーキークォーツを足元に置きましょう。魂を肉体に定着させ高次のエネルギーを地球につなぎ留めることができます。また、タンザナイトを使っているうちに誰かがあなたとテレパシーで交信しようとしていることに気づく場合があります。そんなときはヒーラーズゴールドかアパタイトをインターフェースにすれば、相手とテレパシーで交信することができます。逆にテレパシーを遮断したいときは、第三の目にバンデッドアゲートを当てるといいでしょう。

癒しのパワー

　精妙体の波動を調整し、脳の神経経路と細胞記憶のプログラムを書き換えます。また、多次元的に細胞を癒すので肉体も同時に癒されます。さらに、カルマの傷や霊的要因による不調を癒し、憂うつな気分を吹き飛ばして健康を促進します。

　ストレスが溜まった人に休養をすすめ、肉体のエネルギーを安定させます。また、ダンビュライトとアイオライトと組み合わせればカルマを癒すのに効果的です。

変容のパワー

　不測の事態をある程度予測する力を与え、現実世界の向こうに広がる霊的現実に目を向けさせます。まばゆい輝きを放つこの石は慈愛と啓発された心を大切にし、この2つのバランスを保ちながら生きていくことの大切さを教えます。それができれば私たちは地上で意識が拡大し、悟りを開くことができるのです。

石に秘められたパワーを利用する

瞑想中、あなたのオーラを高次の領域と
ライトボディにつなげます。
この石は意識を拡大させ、多次元を
往きかえりすることを可能にし、
透視力を高めます。

厄災を退ける

タイガーズアイ

Tiger's Eye ［和名：虎目石］

- ●対応するチャクラ：第三の目
- ●生理学的関係：脳、肝臓、眼、喉、生殖器
- ●波動：粗いものと高いものがあります。

古来伝わるパワー

　古代ローマの戦士は戦に向かう際、タイガーズアイをお守りとして身につけたといわれます。この石はウルフストーン、あるいはオキュラスベーロス——ギリシャ神話のベーロス神に捧げられた石——という名で知られていたことから、かなり古い歴史があります。すべてを見通す力を持つといわれるタイガーズアイは、古くから幸運を招く石とされ、財産を守り呪いを退けるといわれてきました。

　黄褐色の縞模様は針状のアスベストの繊維または角閃石が結晶中に平行に配列したものです。こうしたインクルージョンはシャトヤンシー効果を生みます。シャトヤンシー効果とは石の表面に当たった光がさざ波を打ったように虹色に反射し、見る角度によって明るく見えたり、暗く見えたりする現象をいいます。この特性は研磨した石に多く見られます。このシャトヤンシー効果またはこの石に含まれる鉄分によって、否定的なエネルギーをはねかえすことができるといわれます。

癒しのパワー

　古くから眼病を癒し、猫の目のように暗闇でもよく見える視力を与えるといわれます。また、体調を整えるのにも有効で、漢方では陰陽のバランスを整える働きがあるとされています。頭の左右どちらからにこの石を当てると、脳の両半球のバランスを整えることができます。現代のクリスタルヒーリングでは、消化を助け、血圧を下げ、骨折の回復を早めるために用いられます。また、生殖器に当てると子宝に恵まれ、過去世に起因する不調が改善するといわれます。下半身のチャクラに当てると、クンダリーニの上昇を促します。太陽のエネルギーが宿るこの石は季節性情緒障害やうつ病の改善に効果があるといわれています。

変容のパワー

　誠実に生き、自分のパワーを正しい目的に使うよう促します。過去世でパワーを乱用したり手放してしまった人に、再びパワーを取り戻して同胞のために用いる方法を教えます。いつも頭が混乱して明確に自己主張できない人や、逆にプライドが高くてわがままな人がこの石を身につけると、周囲に気を配りながら自己主張できるようになります。すべて順調にいっているのに将来が不安でしかたないという人は、日常的にこの石を携帯するといいでしょう。将来への不安が消え、現実的な目標設定ができるようになります。また、相手とウィンウィンの関係が築けるよう、前向きな妥協点を見出すのにも役立ちます。

　ゴールデンタイガーズアイを用いると、何事も感情ではなく理性に基づいて決めることができます。レッドタイガーズアイは倦怠感を解消し積極的な行動を促します。ブルータイガーズアイはストレス解消に役立ちます。また、レッドは新陳代謝を活発にするのに対し、ブルーには抑制する働きがあります。さらに、タイガーズアイの一種であるホークアイ（鷹目石）は古くから守護力と豊穣の石とされ、洞察力を高め内なる霊的視覚を目覚めさせます。

石に秘められたパワーを利用する

タイガーズアイかホークアイで
室内にグリッドを作ると、
豊かさと健康を引き寄せ、
幸せを奪い取ろうとする
邪悪な力をはね返すことができます。

太陽の石

トパーズ

Topaz ［和名：黄玉］

- ●対応するチャクラ：太陽神経叢、喉
- ●生理学的関係：眼、細胞構造、胆のう、消化器系、内分泌系、神経系
- ●波動：粗いものから高いものまであり、色によって異なります。

古来伝わるパワー

　トパーズには多くの伝説がありますが、もともとペリドットとマラカイトも含めてトパーズと呼んでいました。この石のパワーの源は太陽です。名前の由来がサンスクリット語で火を意味する"トパズ"であることからも、躍動する太陽のエネルギーを連想させます。一方、この石の産地である紅海のトパジオス島──常に霧に包まれていたことで知られる──が名前の由来だとする説もあります。目の前のモヤモヤした霧を晴らし、迷いや不安を追い払い、心の豊かさに気づかせてくれます。

　太陽の力が宿るとされるこの石は、月の満ち欠けによって色が変わるともいわれます。また、強くこするといき電荷を帯びるこの石はオーラを充電し、体に活力を与え、モチベーションを高めます。

　トパーズは愛、優しさ、友情、貞節を象徴し、勇気と知恵を与えるといわれます。また、最愛の家族の健康を守るお守りとしても用いられます。ローマの政治家・軍人のアグリッパによると、この石は肉欲や偏執愛を憎み、強欲な人間を寄せ付けないといわれます。また、野生動物にパワーを与えるともいわれます。

　トパーズは大天使ミカエルと神秘の大天使ラジエルに関連づけられます。古代の貴石誌の中には、この石は大天使の領域を支配すると記しているものと、ケルビムの領域を支配すると記しているものがあります。マインツ大司教は、"この石とひたすら瞑想すると預言を授かる"と言っています。

癒しのパワー

　10世紀、トパーズは眼病を癒す石として知られていました。ビンゲンの聖ヒルデガルトはこの石を浸けた水で眼を洗うと視力が回復すると言い、積極的な使用を奨励しました。1584年、イタリア人医師のジェローム・カルダンは、この石には精神障害を治す力があると報告しました。当時の薬局はトパーズを粉末にしたものを精神障害の処方薬として販売していたようです。現代では栄養素の消化吸収を助け、食欲不振の原因を過去世に遡って究明するとされています。ゴールデントパーズは弱った体にエネルギーを充電し、精神的な疲労を回復させるのに有効です。

変容のパワー

　人生に歓喜と豊かさを引き寄せ、肉体の波動を魂の本来の波動に同調させます。ブルートパーズの天然石を用いると、他人に振り回されず、大きな志を胸に人生を歩んでいくことができます。すなわち自分で書いた人生のシナリオに沿って生きていくことができるのです。

石に秘められたパワーを利用する

喉元に身につけると自分の気持ちを
素直に表現できるようになります。
叡智と真理の天使とつながり、
多次元意識に目覚めます。

魂の助産婦

トライゴーニッククォーツ
Trigonic Quartz

- **対応するチャクラ**：高次の心臓（胸腺）、ソーマ、ソウルスター、ステラゲートウェイ、高次の宝冠およびそれより上のチャクラ
- **生理学的関係**：脳、リンパ系、体液バランス、腎臓、関節、魂とライトボディ
- **波動**：きわめて高い

古来伝わるパワー

　多次元意識を初めて経験するのに最適なトライゴーニッククォーツ。星の生命のエッセンスがいっぱい詰まった石です。エネルギーの発振器であるこの石が発した波動は地上のすべてのクリスタルに一斉に伝わり、まるでミツバチの群れのように果てしない距離を広がっていきます。

　人類の意識の進化を助けるためにやって来たこの石には、地球上から戦争や争いをなくすという使命があります。この石は自らのエネルギーを地球上のすべての海や湖沼、川などに転写することで、人間のエネルギー体系に暗号化された戦争を招く遺伝子が消去されることを望んでいるのです。また、個人や集団レベルの争いを意図的に表面化させて解決に導く働きがあります。

　この石の結晶面に刻まれた三角形には宇宙の魂のDNAが暗号化されています。また、この三角形は魂を現世から霊界へそして来世へと導く強力な変容の波を象徴しています。この石を握りしめると、多次元を探求し魂の軌跡と今世のミッションを知ることができます。

癒しのパワー

　この石とワークするときは、まず肉体とエネルギー体から閉塞や有害物を取り除くことが不可欠です。そうしないとカタルシスが起きるおそれがあるからです。また、主にエーテル体の青写真に作用しますが、体液バランスや神経伝達物質の働きを調整する作用もあります。チベット仏教で用いる銅鑼に水を入れ、そこにこの石を浸けると強力な癒しの力が水に転写され、その水に触れると体液が浄化され体のバランスが整います。また、銅鑼を叩いて共鳴した水はお風呂に入れたり、川や海に流すといいでしょう。

変容のパワー

　この石を用いると魂が多次元間を行き交い、宇宙の生命の根源である大霊と再びつながることができます。また、周囲の喧騒とは無縁の静謐な空間をつくることができます。地上で囚われの身となったように感じたときはこの石を握りしめてください。広大無辺な多次元宇宙を行き交い、あらゆる次元に同時に存在することができるようになります。その結果、すべてはひとつであることに気づくでしょう。一方、この石は今このときをしっかり生きるよう促し、あなたを再び高次の目的につなげます。また、魂の断片を統合し、魂のグループの契約を再交渉できるよう助けます。この石とのワークで、存在の総体を感じとれば、あなたの波動は永遠に高いレベルを保つことができます。その結果、あなたは魂の助産婦としての役目――ほかの魂の誕生や意識の拡大を助けること――を果たすことができるようになるのです（注：多次元世界を探求するには、トライゴーニッククォーツ以外にも、同じような三角形の蝕像結晶を持つ波動の高い石を利用しても結構です）。

石に秘められたパワーを利用する

この石と瞑想すると脳が
θ波(シータ波)優位の状態になり、
深いレベルでの癒しが可能になるほか、
体、信念、現実世界が再構築されます。

純愛を育てる

タグチュパイト
Tugtupite

- **対応するチャクラ**：心臓、高次の心臓（胸腺）、ハートシード
- **生理学的関係**：心臓と循環器系、生殖器系、代謝、ホルモンの分泌
- **波動**：きわめて高い

古来伝わるパワー

　心臓を強力に癒すタグチュパイトはきわめて高い波動を持ち無条件の愛を引き寄せます。私たちに自己愛の大切さを教え、地球にいる間に感情をコントロールする方法を学ぶよう促します。また、感情を無理に押さえ込んだり、感情に押し流されるのではなく、精神的中庸を保って生きることの大切さを教えます。

　タグチュパイトはグリーンランドのイヌイット族と縁（ゆかり）の深い石です。名前の由来はトナカイの血を意味する*tuttupit*です。イヌイット族の伝説によると、トナカイを飼っていたトゥトゥという名の若い女性がある日子どもを産むため森の奥深くに入っていきました。その時彼女が流した聖なる血が固まったのがこの石だとされています。また、恋人たちがこの石に触れると、真っ赤に変色するという言い伝えもあります。これは熱や太陽の光に触れるとひときわ鮮やかに変色するタグチュパイトの特性に言及したものです。さらに、紫外線に当たると鮮やかな赤色に染まります。イヌイット族の間では、古くから愛を呼び覚まし、性欲や情熱をかきたてる石とされています。

　新しい愛の形を物質世界に広めるといわれます。この石を片手の幅くらいに持って右の脇の下に当てると、あなたに向けられた怒りを愛と赦しに変え、ピンク色の光に乗せて怒りを抱く相手に送り返すことができます。その光は相手を優しく包み込み、怒りを解消します。また、第三者の感情によって"恐喝"されていると感じたら、心臓の辺りにこの石を当ててください。感情的な脅迫をはねのけ、あなたの良心につけこもうとする人との関係を断ち切り、心に平穏をもたらしてくれます。さらに、この石には怒りや無気力を創造力に変え、物事を良い方向に導く力があります。ハートシードチャクラに当てると、あなたの言葉や行動の一つひとつに愛が感じられるようになります。

癒しのパワー

　心臓、血液、血流量の多い臓器をエネルギーレベルで癒します。心の傷を癒すのに最適なこの石は代謝・ホルモン系の機能や季節性情動障害を改善します。この石の白い部分はガン細胞や毒素を察知すると真っ黒に変色するといわれます。

変容のパワー

　精神的な自立を促す一方で、人と支え合って生きていくことの大切さを教えます。また、幸せになれるかどうかはすべて自分次第であると説きます。知性と愛情で幸せを築く方法を説く一方で、穏やかなカタルシスを誘発して悲しみを解消し、無条件の愛を人生に根づかせます。

石に秘められたパワーを利用する

みんながこの石に願いを掛けて祈れば、
世界中——とくに民族紛争地域——に
平和と癒しがもたらされ、
全人類が愛の力に気づくでしょう。

幸運を引き寄せる

ターコイズ

Turquoise ［和名：トルコ石］

- **対応するチャクラ**：喉、第三の目
- **生理学的関係**：喉、眼、組織、細胞、免疫系、経絡、栄養素の吸収、鎮痛作用
- **波動**：高い

古来伝わるパワー

　エジプト神話の女神ハトルの守護力が宿るターコイズ。シナイ半島の砂漠に暮らす人々は、何千年も前からターコイズの数珠玉を商ってきました。また、アステカ族やアメリカ先住民にとっても神聖な石です。プエブロ族の伝承によると、この石の青色は空から盗んだもので、人類のルーツは宇宙にあることを表しています。宝石用語ではターコイズは魂の歓喜を象徴しています。平和と幸運をもたらすこの石は、邪眼を払いのけ、特に俳優や歌手にとって幸運の石とされています。

　アラビア語には"誠実な人からターコイズをもらうと幸せになれる"という意味の諺があります。また、ヒンドゥー教には、新月を見た翌日にこの石をじっと見ると莫大な財産が手に入るという言い伝えもあります。また、この石が富と財産を引き寄せ、守護力を発揮するという伝承は世界中にたくさんあります。地域によっては落馬事故を防ぐためのお守りとして馬の手綱にこの石を結ぶ習慣もあったようです。

癒しのパワー

　中世では喉の痛みや頭痛を和らげるために用いられ、病人の前では急に変色するといわれていました。また、この石を浸けた水を飲用すると排尿が促されるといわれていました。現代では、免疫力と精妙体の経絡の強化、細胞の再生、栄養素の吸収促進のために用いられます。さらに、鎮痛作用と抗炎症作用を持つこの石は痙攣や関節炎の改善に有効とされています。この石を身につけると、精神・肉体疲労が改善し、憂うつな気分が吹き飛びます。

　ターコイズはホメオパシー──極度に稀釈した成分を投与することによって体の自然治癒力を引き出す療法──にも用いられます。この石に含まれる燐酸は大量に服用すると喉が焼けただれますが、希釈したターコイズは喉の痛みを和らげる薬として古くから処方されていました。また、この石には強い守護力を有する鉄分や、抗炎症作用のある銅も微量に含まれています。

変容のパワー

　殉教者的な態度や自己破壊的な性質を持つ人は、この石の助けを借りて過去世へ戻り、その根本原因を突き止めることができます。また、悲観的な人には、くよくよ考えずに前向きに解決策を探すよう促します。さらに、否定的な感情や有害なエネルギーを取り除き、私たちの本質は、人間の姿を借りて学びや気づきを重ねる魂であることを再認識させます。

石に秘められたパワーを利用する

喉のチャクラに当てると、過去世に
原因のある心理的抑圧から解放され、
素直に自分を表現できるようになります。

精神・体・霊性の調和をはかる

ジンカイト

Zincite ［和名：紅亜鉛鉱］

- ●**対応するチャクラ**：基底、仙骨ほか。色によって異なります。
- ●**生理学的関係**：腎臓、皮膚、髪の毛、前立腺、心臓、卵管、吸収、ホルモンバランス、細胞過程、経絡、免疫系、電気系
- ●**波動**：中ぐらいから高いものまで

古来伝わるパワー

　ジンカイトの天然石は希少で、ほとんどは製錬所の高温の煙突の中で合成された昇華結晶です。肉体的・霊的変容を強く暗示するこの石はヒーリングストーンとしても珍重され、さまざまな色合いや波動レベルがあります。

　運動感覚性が強く自分の本能にもっと敏感になりたいと望んでいる人におすすめです。直観が働くと体に変化が現れるようになり、この石を身につけることで体の変化を敏感にキャッチしその意味を正しく理解できるようになるからです。

　催眠術やマインドコントロールを解くのに有効です。また、同じ考えや志を持った人を引き寄せます。レッドジンカイトは自己実現に大いに役立ちます。この石に願いを掛ければ、豊かさと繁栄を引き寄せることができます。さらに、どのジンカイトも精神的ショックやトラウマに対する応急処置として効果的です。

癒しのパワー

　その名が示すとおりジンカイトにはジンク（亜鉛）が含まれます。亜鉛は細胞の代謝、歯、骨、皮膚、髪の毛の正常な発育に欠かせないほか、前立腺の働きを正常に保つのに必須の元素です。また、栄養分の代謝・吸収を助け、筋肉や関節を強くします。レッドジンカイトは経絡と免疫を強化し、エネルギーの枯渇を予防します。さらに、うつ病や季節性情動障害にも効果的です。イエロージンカイトは膀胱や腎臓の感染症をエネルギーレベルで癒します。また、ホルモン系のバランスを整える作用があることから、閉経や月経前症候群の症状緩和にも有効です。ホルモンの分泌量は変動するので、どんな症状のときにはどんな色が効果的かいろいろ試してみるといいでしょう。

　ジンカイトの作用は色によって異なります。赤色には活性化、再構築、安定化などの作用があり、黄色と緑にはバランスを回復し、精神を安定させる作用があります。どの色も精妙体とライトボディを肉体に定着させ、有害なエネルギーやマイナス思考を取り除き、不調の原因を解消してくれます。

　この石と瞑想すると病的恐怖症の原因を突き止め、心をリセットすることができます。EFT（エモーショナルフリーダムテクニック）やNLP（神経言語プログラミング）を実践する際に、経絡のツボをこの石でポンポンと叩くと効果的です。

変容のパワー

　エネルギー変換作用に優れたこの石は精神・体・霊性を調和させ、解毒作用を発揮します。また、転生した魂に今世の目的を再認識させることで、内なる強さの再発見と創造性の発揮を促します。

石に秘められたパワーを利用する

基底または仙骨のチャクラに当てると、
潜在能力と創造性が引き出されます。
その結果、新しい自分を創造し、
願望を実現させることができます。

用語集

錬金術的結婚：男性性と女性性のエネルギーが統合され、高いレベルの氣が肉体と霊的意識に行き渡った状態。

存在の総体：霊、ソース（根源）、神（創造主）、すべての総体、量子意識

アルフォンソ10世の『貴石誌』：12世紀のスペインで編纂された貴石に関する書物。古代ギリシャやアラビアのクリスタルや占星術に関する知識・伝承を記録したもの。

アンセストラルライン：祖先から受け継いだ信念、行動、態度。人体の細胞内にある分子の「扉」が祖先の遺伝的記憶によって閉じられている場合がある。この遺伝的記憶を消去すればDNAの潜在力が活性化される。

アセンション：意識の拡大プロセスを参照。

細胞記憶：細胞に刻まれた信念、態度、トラウマ、思考パターン。これらが自分にとっての現実世界に投影される。

中心溝：体の中心（脊椎の近く）を貫くエネルギーの管。チャクラと拡大意識をつなぐ。クンダリーニの通り道でもある。中心溝からは幾つもの管が枝分かれしており、精妙なエネルギーはそこを通って全身に行き渡る。

チャクラ：肉体と精妙体と多次元意識をつなぐエネルギーの渦または連結点。

照応："上の如く、下も然り"。すなわち天にあるものは地上にも存在するという万物照応の原則。

宇宙意識：存在の総体とのつながり

クリスタルを浸けた水：エッセンスを参照。

丹田：臍（へそ）のすぐ下、あるいは仙骨のチャクラの上の辺り。東洋医学では全身の氣（精気）が集まるところとされ、ここに意識を集中して力を集めれば健康を保つことができる。

不調（dis-ease）：精妙体のアンバランス。エネルギー障害、精神的不安、感情障害、カルマ、生理学的なアンバランスなどが原因で起こる。放置すると肉体や精神をむしばむおそれがある。

ドゥルージー：大きなクリスタルを覆う微細な結晶。結晶の種類は大きなクリスタルと同じ場合と異なる場合がある。

地球の癒し：地球のエネルギー場のゆがみを修正すること。グリッドを使うことが多い。

電磁スモッグ／EMF（超電力）：パソコン等の電子機器、送電線、発電所などから出る精妙で検知可能なエネルギー場。感受性の強い人には悪影響を及ぼすことがある。

エネルギーのダウンロード：高い波動を持つ高次の意識からエネルギーを取り込むこと。

エネルギー特性：クリスタルを含むすべての生命が有する独自の波動エネルギー。

憑依：浮遊霊が生きた人間のオーラに寄生すること。浮遊霊の正体は生霊の場合と地球外生命体の場合がある。経験豊かなヒーラーであればクリスタルの助けを借りて除霊することができる。

エッセンス／石を浸けた水：クリスタルを湧水に浸けた後、太陽の光に当てれば石の波動を水に転写することができる。こうして作ったエッセンスは肌につけたりお風呂に入れて使うと効果的。ブランデーかウオッカを3分の2程度入れて瓶詰にすると長期間保存可能。

エーテル体／エネルギー体／オーラ：精妙な波動を持つ生体磁気の膜。肉体を包み込み、多次元意識にアクセスする。

エーテル体の青写真：エネルギーのパターンで、これに基づいて肉体が形成される。青写真の中に、カルマの傷、ストレス、負の遺伝子、エネルギーの混乱などがあると不調をきたし、やがてさまざまな症状が体に現れる。

意識の拡大プロセス：意識の拡大、拡張、進化。肉体の波動と霊的波動を高める自制と自己認識が高まることによってもたらされる。意識が拡大すると多次元意識が肉体に統合される。意識の拡大プロセスとは、肉体が地上を離れてアセンションするという意味ではなく、精神・体・霊性のバランスが整うことによって覚醒したライトボディを経由して、地上に拡大意識がもたらされることを意味する。

ジオパシックストレス：地球内部で生じる有毒なストレス。地下水、送電線、否定的なエネルギーの流入によって発生する。

グリッド：エネルギーのバランスを保ったり害悪から守るために複数のクリスタルを一定の形に並べること。肉体、精妙体、地球は生来的に自らを健全な状態に維持するためのエネルギーのグリッド（経絡）を持つ。経絡の詰まりやバランスの乱れは不調の原因となる。

グラウンディング：魂、精妙体、肉体のエネルギーを地球に強く結びつけること。

高波動：高い波動を持つクリスタルは軽くて精妙な高次の波動と共鳴する。そしてその波動は多次元意識に到達する。

悪意／サイキック攻撃：嫉妬や妬み、または人に危害を加えようとする悪意。

インプラント：外部からエネルギー体に付着した霊的磁気。

クリスタルを浸けた水：エッセンスを参照。

内なる次元／レベル／存在：コアの意識。直観、形而上学的能力、感覚、感情、潜在意識、精妙なエネルギー過程、現世と霊界の間などを包括する概念。

用語集

ジャーニー：魂が肉体を抜け出し、精妙体で多次元を探求すること。

カルマ：行為は必ずその結果をもたらし、また現在の事態は必ずそれを生む行為を過去世に持っているとする思想。

クンダリーニ：創造のエネルギー。精妙な電磁気を帯びた性的・霊的エネルギーで、脊柱の底部に宿る。覚醒すると背骨を伝って上昇し、宇宙意識に到達する。全身の細胞に性的絶頂感をもたらし、細胞を啓発する。

カイシング：高次の霊的存在との（双方向の）情報交換。

ライトボディ：精妙なエネルギー体、霊体。高い波動と共鳴し、多次元に存在する高次の意識と高次の霊的存在を運ぶ。

似たものが似たものを癒す：ホメオパシーの原理。症状を起こすものを高度に希釈して使うことにより、体に悪影響を与えることなく症状を取り去ることができるとする考え。

経絡：肉体、精妙体、地球にある氣の循環・反応経路。

生理学：生体の機能とそのメカニズムを解明する学問。"生体"とは、人体を含めて全ての生物体を意味し、"機能"とは個体レベルにおける生体機能のみならず、その個々の構成体（分子、細胞、組織、器官）の機能も意味する。

プリニウス：ローマの地理学者・博物学者。さまざまな石の特性や古代文明での用途に関して洞察に富んだ記録を残した。

ポータル：異次元への扉あるいは通路。物理的な通路ではなく、さまざまな周波数で振動するエネルギー。ハイパースペース（超空間）と物質世界のマトリックスをつなぎ、物質世界に量子意識を広げる。

エネルギーの吸血鬼：他者のエネルギーを吸い取ろうとする邪気。

量子意識：人間の意識は脳を中心とする生体内のさまざまな物質の量子的振る舞いによって表されるという概念。

リフレーミング：過去の出来事の枠組み（フレーム）を変えることで、その出来事を別の視点で捉え直すこと。リフレーミングすることで、人生の選択の幅が広がり、どのような出来事にも必ずプラスの面があることがわかる。

影の性質／エネルギー：抑圧され、顕在意識から追い出された性質や経験。

シャーマンのアンカー：基底と大地のチャクラから地球内部に伸びるコード。転生した魂を大地につなぎ留めるほか、魂が体外離脱した後に肉体に無事戻って来られるようにする。

魂の契約：魂同士が過去世で交した契約。

魂の断片：魂の一部が過去世のトラウマや歓喜の中、あるいは死後直後の状態にとどまったもの。

魂のグループ：お互いの波動を高め合いながら、共に霊性進化の道を歩む類魂。

星の生命：銀河系に存在するエネルギー体で、特定の星やクリスタルと共鳴する。

テオフラストス：古代ギリシャの哲学者・自然主義者。紀元前4世紀に著したさまざまな石の特性を科学的に論じた文献が現存する。

12束DNA：クリスタルにまつわる伝承によると、人間はかつて12束のDNAを有していた。それが修復されると人間は多次元に同時に存在することができるようになるといわれる。

波動のシフト：低い波動が高い波動または高次の意識へ変動すること。

索引

EFT（エモーショナルフリーダムテクニック）
NLP（神経言語プログラミング）　184, 214
アイオライト　108-109
アイドクレース　106-107
アカシックレコード　34, 66, 126, 128, 156, 166, 168, 202

ア
アクアマリン　36-37
アゲート
　　バンデッド　48-49
　　ピンク　48
　　ブルーレース　56-57
　　モス　132-133
アスワングラナイト　96
アゼツライト　46-47
アチューメント　10
アトランティサイト　186
アナンダライト　42-43
アニョライト　174-175
アパタイト　32-33
アパッチティアー　142
アベンチュリン　44-45
アホアイト　22-23
アポフィライト　34-35
アマゾナイト　24-25
アメジスト　11, 28-29, 84
アラゴナイト　38-39
アンバー　7, 13, 26-27
アンフィボールクォーツ　30-31
癒しのパワー　6, 7, 13
色の効能　7
インフィニットストーン　186
エネルギー　6
エメラルド　86-87
エレスチャルクォーツ　84-85
オーラクォーツ　40-41
オーロラクォーツ　42-43
オパール　144-145
オブシディアン　7, 142-143
オレンジカヤナイト　146-147

カ
ガーネット　94-95
カーネリアン　64-65
カヤナイト　146-147
形　11
カテドラルクォーツ　66-67
共感　11
恐怖症　15, 176, 214
クォーツ　9, 164-165
　　アゼツライト　46-47
　　アナンダライト　42-43
　　アホアイト　22-23
　　アメジスト　84, 194
　　アンフィボール　30-31
　　エレスチャル　84-85
　　オーラ　40-41
　　オーロラ　42-43

カテドラル　66-67
クローライト　70-71
サチャロカとサチャマニ　180-181
シトリン　194
スピリット　194-195
スモーキー　13, 192-193
セプター　18-19
トライゴーニック　208-209
ニルヴァーナ　136-137
ファイヤー・アンド・アイス　92-93
ブランデンブルク　60-61
ルチル　176-177
レインボー　92-93
レムリアンシード　120-121
ローズ　172-173
クォンタムクアトロ　162-163
グラナイト　96-97
クリスタル
　　維持　12
　　選ぶ　10
　　生成　7
　　波動の高い　9, 13
　　パワー　6-13
　　用いる　13
クリソコラ　72-73
クリソライト　150-151
クローライトクォーツ　70-71
クンダリーニ　146, 186, 188, 200, 204
クンツァイト　114-115
ケセラ　166-167
コードを切断する　138
ゴールデンベリル（ヘリオドール）　50
　　サーペンティン　186-187
　　アトランティサイト　186
　　インフィニットストーン　186
　　ピクロライト　186

サ
サチャロカクォーツとサチャマニクォーツ　180-181
サファイア　178-179
サンストーン　200-201
ジェイド　110-111
シトリン 76-77
シナバー　74-75
シバリンガム　188-189
シャーマン　6, 13, 18, 62, 88, 92, 96, 124, 1216, 138, 142, 144, 160, 186, 196
ジャスパー　112-113
　　ポピー　158-159
シュンガイト　190-191
照応　7, 118
ショール　52-53
シリウスアメジスト　28
ジンカイト　214-215
スギライト　198-199
スコレサイト　13, 134-135

220　厳選101 パワークリスタル

スターサファイア　178
スティブナイト　196-197
スパイダーウエッブオブシディアン　142
スピリットクォーツ　194-195
スペクトロライト　116
スポデューメン　114-115
スモーキークォーツ　13, 192-193
セプター　18-19
セプタリアン　184-185
セレスタイト　68-69
セレナイト　9, 182-183
ゾイサイト　174-175, 202-203
ターコイズ　212-213

タ
タイガーズアイ　204-205
ダイヤモンド　80-81
タグチュパイト　210-211
タンザナイト　202-203
ダンビュライト　9, 78-79
チャクラ　13
テオフラストス　6, 26, 72, 86, 142
テキサスピンクグラナイト　96
鉄　6, 7, 20, 26, 36, 40, 52, 54, 62, 108, 132, 166, 204, 212
デュモルティエライト　82-83
天使／大天使　20, 22, 28, 30-31, 50, 58, 68-69, 70, 74, 78, 80, 86, 92, 94, 106, 108, 112, 118, 126, 128, 130, 150, 152, 176, 178, 182, 198, 206
天使の髪の毛　176
トパーズ　206-207
トライゴーニッククォーツ　208-209
トルマリン　13, 52-53, 62, 148-149, 158

ナ
ナトロライト　13, 134-135
ニルヴァーナクォーツ　136-137
ヌーマイト　140-141
ノヴァキュライト　138-139

ハ
ハーキマーダイヤモンド　104-105
パームストーン　11
バイトウナイト　116
ハイパーシーン　116
波動の高い石　9, 13
ハライト　98
パライバトルマリン　148-149
ハンクサイト　98-99
バンデッドアゲート　48-49
ヒーラーズゴールド　100-101
ピクロライト　186
ヒデナイト　114
ピンクアゲート　48
ピンクベリル（モルガナイト）　130-131
ファイヤー・アンド・アイス　92-93
ファントムクリスタル　11
フェナサイト・イン・レッドフェルドスパー　156-157
ブラックトルマリン　13, 52-53, 62, 158

ブラッドストーン（ヘリオトロープ）　54-55
ブランデンブルク　60-61
プリニウス　6, 11, 20, 26, 50, 54, 58, 64, 72, 80, 86, 102, 122, 130, 136, 144, 150, 164, 192
フリント　88-89
ブルームーンストーン　58-59
ブルーレースアゲート　56-57
プレセリブルーストーン　160-161
フローライト　90-91
ブロンザイト　62-63
ベスビアナイト　106-107
ペタライト　152-153
ペトリファイドウッド　154-155
ヘマタイト　13, 102-103
ヘラクレスアメジスト　28
ヘリオドール　50
ヘリオトロープ　54-55
ペリドット　150-151
ベリル　50-51
　　ゴールデン　50
　　ピンク　130-131
ポピージャスパー　158-159

マ
マーリナイト　126-127
マグネシウム　106, 108, 132, 186
マニフェステーション　11
魔法　8
マラカイト　122-123
マンガン　114, 132, 146, 168, 170, 198
ムーンストーン　58-59, 200
メナライト　124-125
モスアゲート　132-133
モルガナイト　130-131
モルダバイト　128-129
豊かさ　11, 44, 64, 74, 76, 104, 132, 178, 204-205, 212

ラ
ラナイト　166-167
ラピスラズリ　118-119
ラブラドライト　116-117
ラベンダーブルーゾイサイト　202-203
ルチルクォーツ　176-177
ルビー　94, 174
ルビー・イン・ゾイサイト　174-175
ルビーオーラ　40
ルブライト　198-199
レインボークォーツ　92-93
レムリアンシード　120-121
レムリアンジェイド　100
ローズクォーツ　172-173
ロードクロサイト　168-169
ロードナイト　170-171

著者：
ジュディ・ホール(Judy Hall)

マインド・ボディ・スピリットの分野で著名な作家。ミリオンセラーの『クリスタルバイブル』（産調出版）をはじめ著作は42冊に及び、これまで15か国語に翻訳されている。また、前世療法セラピスト・占星術師としても40年以上のキャリアを持つ。作家、霊能者、ヒーラー、ワークショップ主催者として活躍するほか、テレビやラジオ番組にも出演。最近では『ワトキンスレビュー』誌上で、スピリチュアルの分野で最も影響力のある作家100人の中に選ばれている。

ヒーラー・カウンセラーとしての研鑽を積み、子どもの頃から霊能力を発揮。占いや自然療法に精通する。世界の宗教や神話に造詣が深く、バーススパ大学で学士号（教育学・宗教学専攻）と修士号（文化天文学・占星術専攻）を取得。若い頃クリスティン・ハートリー（ダイアン・フォーチュンの著作権代理人をつとめた人物）に師事した。現在は英国ドーセット州の自宅で、クリスタルや前世療法ワークショップ、文芸講座を開催している。

専門分野は、過去世リーディング＆退行催眠、魂の癒し、輪廻転生、占星術＆心理学、占い、クリスタルの伝承。世界各国でワークショップを主催している。小説『Torn Clouds』の舞台となったエジプトへの取材旅行は15回を数える。HP：http://www.judyhall.co.uk

《主な著書》
『クリスタルバイブル』『新クリスタルバイブル』『ワンランクアップシリーズ　実践 クリスタル』『クリスタルを活かす』『クリスタル占星術』『新しく見つかったクリスタル＆癒しの石』『クリスタル百科事典』『人生を限りなく豊かにする幸運のクリスタル』『前世占星術(カルマ)』

いずれも産調出版刊

翻訳者：
福山 良広(ふくやま　よしひろ)

関西大学法学部卒業。名古屋学院大学大学院外国語学研究科修了。訳書に『新クリスタルバイブル』『人生を限りなく豊かにする幸運のクリスタル』（いずれも産調出版）、共訳書に『マインド・ボディ・スピリット大全』（産調出版）などがある。

写真：Exquisitecrystals.com

ガイアブックスは
地球(ガイア)の自然環境を守ると同時に
心と体内の自然を保つべく
"ナチュラルライフ"を提唱していきます。

101 POWER CRYSTALS
厳選101　パワークリスタル

発　　行　2012年10月1日
発 行 者　平野　陽三
発 行 元　ガイアブックス
　　　　　〒169-0074　東京都新宿区北新宿 3-14-8
　　　　　TEL.03(3366)1411
　　　　　FAX.03(3366)3503
　　　　　http://www.gaiajapan.co.jp
発 売 元　産調出版株式会社

Copyright SUNCHOH SHUPPAN INC. JAPAN2012
ISBN978-4-88282-847-1 C0076

落丁本・乱丁本はお取り替えいたします。
本書を許可なく複製することは、かたくお断りします。
Printed in China

ガイアブックスの本

クリスタルタロット
フィリップ・パーマット 著

タロットにクリスタルのパワーが融合！ 大アルカナ、小アルカナ78枚のタロットデッキと小冊子が入ったセット。タロットカードと関係の深いクリスタルを紹介しながら、クリスタルがもつ象徴的意味を一つひとつ解き明かす。エマ・ガーナーによる神秘的な絵が、タロット愛好者の心をとらえて離さない。

本体価格：1,800円

ワンランクアップシリーズ
実践　瞑想
マドンナ・ゴーディング 著

瞑想の世界を実体験できる完全版ワークショップガイド。多種多様なエクササイズで、自分独自の深い癒しの時を体験することができる。好きなときに好きな場所でエクササイズをおこなえるCDのほか、エクササイズで感じたことや結果を記入できる書きこみシートを収録。瞑想に対する理解を深め、そのさらなる効果を実感できる1冊。

本体価格：1,900円

チャクラを活かす
パトリシア・マーシア 著

7つの生命エネルギーが集中するコントロールセンター（チャクラ）を調整し、その効果を確認するための実践的ガイドブック。各人の持つチャクラを知り、日常生活の場で自分のチャクラを活性化するための具体的なあらゆる方法を紹介。チャクラを活性化すれば、健康で明るく幸福感に満ちた人生を得ることができる。

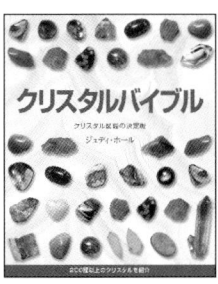

本体価格：2,600円

クリスタルバイブル
ジュディ・ホール 著

クリスタルの形や色、使用法を紹介した美しい写真入りの総合ガイドブック。アルファベット順の図鑑形式により200種類以上のクリスタルについてすぐに調べることができる。スピリチュアルな面、精神心理学的、情緒的、身体的な面への影響を含めたクリスタルの実用的かつ神秘的な特性を詳解。

本体価格：2,600円